SECOND EDITION

Treffpunkt
Deutsch

Arbeitsbuch

E. Rosemarie Widmaier
McMasterUniversity

Fritz T. Widmaier
McMasterUniversity

Hörverständnis

Nadja Krämer
Indiana University

PRENTICE HALL
Englewood Cliffs, New Jersey 07632

Editor-in-Chief: *Steve Debow*
Director of Development: *Marian Wassner*
Assistant Editor: *María García*
Editorial Assistant: *Brian Wheel*

Managing Editor: *Deborah Brennan*
Cover Design: *The Strategic Design Group, Inc.*
Cover Photo: *Charlotte Kahler*
Illustrations: *Michael Widmaier*
Manufacturing Buyer: *Tricia Kenny*

All photo credits: *E.R. and F. T. Widmaier*

10   9   8   7   6   5   4   3   2   1   0

ISBN 0-13-443284-3

Prentice Hall International (UK) Limited, *London*
Prentice Hall of Australia Pty. Limited, *Sydney*
Prentice Hall Canada, Inc., *Toronto*
Prentice Hall Hispanoamericana, S. A., *Mexico*
Prentice Hall of India Private Limited, *New Delhi*
Prentice Hall of Japan, Inc., *Tokyo*
Simon & Schuster Asia Pte. Ltd, *Singapore*
Editora Prentice Hall do Brasil, Ltda., *Rio de Janeiro*

TABLE OF CONTENTS

8- 9

12—1

ARBEITSBUCH

HÖRVERSTÄNDNIS

PREFACE

Each chapter of the *Arbeitsbuch* features a variety of exercises, including realia-based and picture-cued activities, sentence building and completion exercises, fill-ins, matching exercises, definitions, vocabulary building activities, and reading comprehension activities. The exercises have been designed to reinforce the vocabulary, structures, and themes in the corresponding chapters of the text. They are sequenced to follow the order of the grammar topics presented. The focus of each exercise is indicated in the table of contents.

Erste Kontakte

E-1 Rechenaufgaben. Solve the following arithmetic problems. Write full sentences, and write all numbers in words.

1. Wieviel ist 12 plus 7?

   Zwölf plus sieben ist neunzehn.

2. Wieviel ist 16 plus 26?

   Sechzehn plus sechsund~~zwanzig~~ zwanzig ist

3. Wieviel ist 70 minus 19?

   Siebzig minus neunzehn ist

4. Wieviel ist 56 plus 11?

   sechsundfünfzig plus   ist

5. Wieviel ist 89 minus 12?

                minus   ist

6. Wieviel ist 101 plus 30?

              plus   ist

7. Wieviel ist 1 000 minus elf?

              minus   ist

E-2 Persönliches. Write all numbers in words in single digits (except your age and your house number).

19

Ich bin _____ Jahre alt.

338

Meine Postleitzahl ist _____

Meine Vorwahl ist _____

775 9

Meine Telefonnummer ist _____

148

Meine Hausnummer ist _____

E-3 Auf dem Flohmarkt. In complete sentences, state what each item at this stand at the flea market costs. Write all numbers as words. The names of the objects are in the box below.

die Jacke / das Sweatshirt / die Gitarre / der Fußball / das Telefon
die Lampe / das Wörterbuch / das Weinglas / der Teddybär / die Vase

1. _____Die Gitarre kostet sechsunddreißig Mark._____

2. _____kostet_____

3. _____

4. _____

5. _____

6. _____

7. _____

8. _____

9. _____

10. _____

E-4 Was paßt zusammen? Read the following acronyms aloud and match them with the words they stand for by writing the appropriate acronym in the space provided.

AEG / CDU / öS / DSF / SPD / BASF / DM
ZDF / DDR / FDP / MAN / BRD / sFr / EU

1. _DM_ Deutsche Mark
2. _ZDF_ Zweites Deutsches Fernsehen
3. _BRD_ Bundesrepublik Deutschland
4. _CDU_ Christlich Demokratische Union
5. _MAN_ Maschinenfabrik Augsburg-Nürnberg
6. _DDR_ Deutsche Demokratische Republik
7. _AEG_ Allgemeine Elektrizitäts-Gesellschaft
8. _BASF_ Badische Anilin- und Soda-Fabrik
9. _EU_ Europäische Union
10. _sFr_ Schweizer Franken
11. _SPD_ Sozialdemokratische Partei Deutschlands
12. _öS_ Österreichischer Schilling.
13. _FDP_ Freie Demokratische Partei
14. _DSF_ Deutsches Sportfernsehen

E-5 Fragen. Look at the previous exercise again and answer the following questions.

1. Which three acronyms stand for political parties?

   _____CDU_____SPD_____FDP_____

2. Which three acronyms stand for industries or companies?

   _____

3. Which acronym stands for a TV station dedicated to sports?

   _____

4. Which other acronym stands for a TV station?

   _____

5. Which three acronyms stand for European currencies?

   _____

6. Which three acronyms stand for countries or a group of countries?

   _____

7. Which of these countries ceased to exist in 1990?

   _____

Kapitel 1

1-1 Was paßt nicht? You can easily guess the meaning of the nouns below. Circle the noun in each group that does not fit.

1. das Bier
   die Butter
   der Wein
   die Milch

2. der Freund
   der Vater
   die Mutter
   der Sohn

3. die Klarinette
   die Flöte
   die Violine
   der Fußball

4. die Telefonnummer
   die Adresse
   der Computer
   der Name

5. der Apfel
   die Banane
   die Karotte
   die Orange

6. das Gras
   die Bluse
   der Pullover
   die Jacke

7. der Arm
   das Knie
   die Lippe
   der Schuh

8. der Fisch
   das Schwein
   das Lamm
   der Stier

9. die Rose
   die Tulpe
   die Lilie
   die Tomate

10. die Musik
    die Vase
    der Ton
    die Note

11. das Auto
    der Hammer
    das Boot
    der Bus

12. der Ring
    das Büfett
    die Couch
    das Bett

1-2 Was paßt wo? Supply the appropriate nouns with or without the definite article as required.

> die Musik / die Telefonnummer / der Freund / der Pullover / die Adresse

1. Thomas ist mein _____.

2. _____ ist viel zu laut.

3. Ist _____ warm?

4. Peters _____ ist 53 41 21.

5. Peters _____ ist Zennerstraße 16, 81679 München.

> der Name / der Computer / die Mutter / die Milch / das Barometer

6. _____ ist sauer!

7. Was zeigt _____?

8. Mein _____ ist Ziegler.

9. Meine _____ ist sehr intelligent.

10. _____ kostet 2 500 Mark.

1-3 Pluralformen. Write the plural forms of the following nouns, along with the definite article.

1. die Klarinette, -n   _____

2. der Hammer, ⸚   _____

3. das Wort, ⸚er   _____

4. die Amerikanerin, -nen   _____

5. das Hotel, -s   _____

6. der Fußball, ⸚e   _____

7. die Million -en   _____

8. der Arm, -e   _____

9. der Finger, -   _____

10. das Haus, ⸚er   _____

11. die Knackwurst, ⸚e   _____

1-4 Definitionen. Complete the definitions in each group (1-10 and 11-19 on the following page) with the appropriate nouns. Add endings where necessary.

1. Die Wiener Philharmoniker sind ein__ ___*Orchester*___.   die Rockgruppe

2. *Don Giovanni* ist ein__ _____ von Mozart.   der Film

3. Ein__ Klarinette (f) ist ein__ _____.   die Autorin

4. Michael Jackson ist ein__ _____.   der Kontinent

5. Die *Rolling Stones* sind ein__ _____.   die Oper

6. Agatha Christie ist ein__ _____.   das Orchester

7. *True Lies* ist ein__ _____.   der Staat

8. Südamerika ist ein__ _____.   die Demokratie

9. Deutschland ist ein__ _____.   das Instrument

10. Massachusetts ist ein__ _____.   der Rockstar

11. Der Atlantik ist ein__ _____.   das Schiff

12. Der Vesuv ist ein__ _____.   die Frucht

13. Ein__ Rose (f) ist ein__ _____.   der Ozean

14. Ein__ Apfel (m) ist ein__ _____.   das Reptil

15. Löwenbräu ist ein__ _____.   der Vulkan

16. Ein__ Krokodil (n) ist ein__ _____.   das Auto

17. Ein__ Moskito (n) ist ein__ _____.   das Bier

18. Ein__ BMW (m) ist ein__ _____.   die Blume

19. Die Titanic ist ein__ _____.   das Insekt

1-5 Subjektiv oder objektiv? Choose the appropriate noun to complete each statement and precede it with the proper form of **kein**. Then indicate whether the statements are facts or subjective opinions. Note: **so...wie** = *as...as.*

das Metall / die Frucht / die Symphonie/ die Jahreszeit / das Bier /
das Land / der Tag / die Blume / der Kontinent / die Nation /
der Tenor / der Planet / die Rockgruppe / der Wein / die Violine

			SUBJ.	OBJ.
1. Kein	Bier	ist so gut wie Löwenbräu.	√	____
2. ____	____	ist so lang wie der 21. Juni.	____	____
3. ____	____	ist so schön wie eine Rose.	____	____
4. ____	____	ist so gut wie Rheinwein.	____	____
5. ____	____	ist so heiß wie Indien.	____	____
6. ____	____	ist so rot wie Mars.	____	____
7. ____	____	ist so schön wie Gold.	____	____
8. ____	____	singt so schön wie Pavarotti.	____	____
9. ____	____	arbeitet so viel wie die Deutschen.	____	____
10. ____	____	kostet so viel wie eine Stradivari.	____	____
11. ____	____	ist so schön wie der Sommer.	____	____
12. ____	____	ist so gut wie eine Banane.	____	____
13. ____	____	ist so interessant wie Europa.	____	____
14. ____	____	spielt so gut wie die *Rolling Stones*.	____	____
15. ____	____	ist so schön wie Beethovens *Neunte*.	____	____

1-6 Was sind die Fragen? Write the questions that elicit the following responses. The words or phrases in boldface indicate which question words you should use to introduce the questions.

1. _____Wer ist das?_____

   Das ist **Steffi Graf**.

2. _____

   Die Rolling Stones sind **aus England**.

3. _____

   Michaels Zimmer ist **sehr** groß.

4. _____

   Der Januar hat **einunddreißig** Tage.

5. _____

   Weihnachten ist **am 25. Dezember**.

6. _____

   Zweiunddreißig Grad Fahrenheit ist **null Grad** in Celsius.

7. _____

   Stephanie ist **neunzehn** Jahre alt.

8. _____

   Peter geht heute abend **ins Kino**.

9. _____

   Eine Oboe ist ein **Musikinstrument**.

10. _____

    Arnold Schwarzenegger kommt **aus Österreich**.

11. _____

    Hannover ist **in Deutschland**.

12. _____

    Claudia geht **in die Bibliothek**.

13. _____

    Das Wetter ist heute **sehr schön**.

14. _____

    Bill Cosby ist **ein amerikanischer Komiker**.

15. _____

    Kitzbühel ist **in Österreich**.

1-7 Kleine Gespräche. Complete the following exchanges by choosing an appropriate verb from the list given. In each case rewrite the question and the response. Note that some verbs are used more than once.

heiße / kommt / kommst / ist / scheint / sind / zeigt / geht / bin / regnet

1. ❯ Woher du, Asha?
   ❮ Ich aus Bombay.

   ❯ _____

   ❮ _____

2. ❯ es noch?
   ❮ Nein, jetzt die Sonne wieder.

   ❯ _____

   ❮ _____

3. ❯ Wie heiß es heute?
   ❮ Das Thermometer fast dreißig Grad.

   ❯ _____

   ❮ _____

4. ❯ heute die Sonne?
   ❮ Nein, heute es, und es kalt und sehr windig.

   ❯ _____

   ❮ _____

5. ❯ Du Martin, wer das?
   ❮ Das Stephanie. Sie Amerikanerin, und sie aus Chicago.

   ❯ _____

   ❮ _____

6. ❯ Guten Tag. Ich Ziegler.
   ❮ Ach, Sie Herr Ziegler aus Bonn. Wie es Ihnen?

   ❯ _____

   ❮ _____

1-8 Ergänzen Sie! Complete the following sentences, using the components provided.

1. in Deutschland / studieren / nächstes Jahr

   Andrea   _studiert nächstes Jahr in Deutschland._____

2. im Winter / fliegen / nach Spanien

   Zieglers _____

3. in die Vorlesung / jetzt / du / ?

   Gehst _____

4. du / heute / arbeiten / im Supermarkt / ?

   Wie lang _____

5. zu Angelikas Party / morgen abend / ihr / ?

   Kommt _____

6. ins Bett / gehen / heute abend um acht

   Ich _____

7. heute abend / ihr / in die Kneipe / gehen / ?

   Wann _____

1-9 Ja oder nein? Respond positively or negatively, basing your response on the statement of fact that begins each set.

1. Heute zeigt das Thermometer nur zehn Grad.
   > Ist es heute warm?

   ‹ _Nein_, heute _ist es nicht_ warm, heute _ist es_ kühl.

2. Peter kommt aus Berlin.
   > Kommt Peter aus Bonn?

   ‹ _____, Peter _____ aus Bonn, er _____ aus Berlin.

3. Heute scheint die Sonne, und der Himmel ist blau.
   > Ist es heute schön?

   ‹ _____, heute _____ sehr _____.

4. Der Himmel ist grau, und es regnet.
   > Scheint heute die Sonne?

   ‹ _____, heute _____ die Sonne _____.

5. Claudia studiert in München.
   > Studiert Claudia in Köln?

   ‹ _____, Claudia studiert _____, sie _____ in München.

6. In Hamburg scheint heute die Sonne.
   > Regnet es heute in Hamburg?

   ‹ _____, in Hamburg regnet es _____ _____.

1-10 Kleine Gespräche. Complete these short exchanges with the appropriate personal pronouns and/or forms of **sein**.

1. ❯ Kommt Peter aus Mannheim?

   ❮ Nein, _____er_____ _____ist_____ aus Berlin.

2. ❯ Wie _____ der Wein?

   ❮ Gar nicht gut. _____ _____ viel zu sauer.

3. ❯ _____ Claudia jünger als Martin?

   ❮ Nein, _____ _____ ein Jahr älter als _____.

4. ❯ Was kostet die Jacke?

   ❮ _____ kostet nur dreißig Mark.

5. ❯ _____ der Pullover warm?

   ❮ Ja, _____ _____ sehr warm.

6. ❯ _____ Herr und Frau Karlhuber aus Österreich?

   ❮ Ja, _____ _____ Österreicher, und _____ kommen aus Linz.

7. ❯ Woher _____ die Äpfel? _____ _____ sehr gut.

   ❮ Ich glaube, _____ kommen aus Chile.

8. ❯ Wer _____ ihr?

   ❮ _____ _____ Stephanie und Claudia.

   ❯ _____ _____ Schwestern?

   ❮ Nein, aber _____ _____ Freundinnen und Zimmerkolleginnen.

9. ❯ Wie _____ die Zimmer (pl) im Studentenheim?

   ❮ _____ _____ sehr schön, nur die Betten _____ ein bißchen zu hart.

10. ❯ _____ du Claudia?

    ❮ Nein, _____ heiße Stephanie. Und wer _____ _____?

    ❯ _____ _____ Bernd Neuner, und _____ komme aus Dresden.

11. ❯ Wie _____ der Film? _____ _____ so gut wie das Buch?

    ❮ _____ _____ gut, aber so gut wie das Buch _____ _____ nicht.

12. ❯ Der Kaffee _____ sehr gut. _____ _____ aus Kolumbien?

    ❮ Nein, _____ _____ aus Nicaragua.

13. ❯ Wie lang _____ die Chinesische Mauer?

    ❮ Die Chinesische Mauer? _____ _____ ungefähr 2450 Kilometer lang.

1-11 Kleine Gespräche. Complete the following short conversations with the correct forms of the appropriate verbs. You will have to use some verbs more than once.

1. kommen / studieren / heißen

    ❯ Ich _____ David, und ich _____ aus Köln. Wie _____ du, und woher _____ du?

    ❮ Ich _____ Kurt, _____ aus Erfurt und _____ Geographie. Was _____ du, David?

    ❯ Ich _____ Physik.

2. lernen / machen / gehen

    ❯ Was _____ Tanja heute abend? _____ sie mit Ralf in die Disco?

    ❮ Nein, heute abend _____ sie mit Kathrin in die Bibliothek und _____ Deutsch.

3. trinken / tanzen / sein / sitzen

    ❯ Warum _____ du nicht, Ralf? Warum _____ du hier und _____ Bier?

    ❮ Ich _____ nur mit Tanja, und Tanja _____ nicht hier.

4. kosten / fliegen

    ❯ Wie _____ Sie nach Spanien, Frau Ziegler? Mit Lufthansa oder mit Iberia Air?

    ❮ Wir _____ mit Iberia Air. Mit Lufthansa _____ es zu viel.

5. finden / regnen

    ❯ Wie _____ ihr das Wetter hier in Hamburg?

    ❮ Wir _____ es sehr kühl, und es _____ viel zu viel.

6. spielen / arbeiten / machen / schreiben

    ❯ Was _____ ihr morgen?

    ❮ Ralf _____ im Supermarkt, und ich _____ Briefe und Postkarten. Und morgen abend _____ wir dann mit Eva und Kurt Tennis.

7. fliegen / kosten / arbeiten

    ❯ Warum _____ du denn so oft im Supermarkt, Thomas?

    ❮ Ich _____ im Sommer nach Europa, und mein Ticket _____ fast siebenhundert Dollar.

1-12 Was paßt zusammen? Match in each group by writing the appropriate numbers in the spaces provided.

1. trinken	___ Geld	5. gehen	___ wo?	9. spielen	___ Vorlesung
2. tanzen	___ Swissair	6. kommen	___ wohin	10. studieren	___ Bus
3. kosten	___ Disco	7. sitzen	___ wie?	11 beginnen	___ Fußball
4. fliegen	___ Kaffee	8. heißen	___ woher?	12. reisen	___ Biologie

1-13 Was paßt? Supply appropriate verbs.

1. _____Studiert_____ Sabine Geographie oder Geologie?

2. _____ du auch so gut Klavier wie Andrea?

3. _____ Sie mit Lufthansa oder mit Swissair, Frau Ziegler?

4. Mein Ticket _____ fast siebenhundert Dollar.

5. Was _____ ihr heute abend? _____ ihr ins Kino, oder_____ ihr Tennis?

6. Im Sommer _____ ich manchmal ein Glas Bier.

7. Michael ist Programmierer und _____ bei IBM.

8. Wann _____ das Konzert heute abend?

9. _____ du es auch so kalt hier?

10. Ich _____ Kathrin. Wie _____ du?

1-14 Was paßt? Mark the appropriate answer to each question.

1. Wie heißt du?
   a. Das ist Stephanie.
   b. Ich heiße Stephanie.
   c. Sie heißt Stephanie.

2. Woher kommst du?
   a. Ach, du bist aus Amerika.
   b. Sie ist aus Amerika.
   c. Ich bin aus Amerika.

3. Kommt Kurt heute?
   a. Nein, Kurt kommt heute nicht.
   b. Nein, Kurt kommt morgen nicht.
   c. Nein, Kurt kommt heute.

4. Ist es heute sehr kalt?
   a. Nein, es ist sehr kalt.
   b. Nein, es ist nicht sehr kalt.
   c. Ja, es ist sehr warm.

5. Wie ist das Wetter heute?
   a. Ja, es ist windig.
   b. Nein, es ist kalt.
   c. Es ist kalt und windig.

6. Ist der Himmel heute blau oder grau?
   a. Ja, der Himmel ist heute blau.
   b. Heute ist der Himmel blau.
   c. Nein, heute ist der Himmel grau.

1-15 Krista Gugenberger und Frank Becker. Read what Krista and Frank say about themselves and then complete the sentences below appropriately.

Ich heiße Krista Gugenberger, und ich bin einundzwanzig Jahre alt. Ich bin Studentin und komme aus Salzburg. Salzburg ist in Österreich, und es ist hier sehr, sehr schön. Von Salzburg ist es gar nicht weit nach Deutschland und auch gar nicht weit nach Italien. Ich studiere aber nicht in Salzburg. Meine Mutter ist aus Bremen, und ich studiere in Bremen Mathematik. Bremen ist in Norddeutschland, fast an der Nordsee, und es ist hier oft sehr kühl und regnerisch. Meine Adresse ist Mühlenweg 78, 28355 Bremen, und meine Telefonnummer ist (0421) 38 65 24.

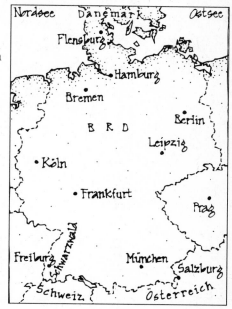

Ich heiße Frank Becker, und ich komme aus Flensburg. Flensburg ist im Norden von Deutschland, fast in Dänemark. Ich bin zwanzig Jahre alt, und ich studiere in Freiburg Psychologie und Soziologie. Freiburg ist in Südwestdeutschland. Es ist es sehr schön hier, und von Freiburg ist es gar nicht weit zum Schwarzwald und auch gar nicht weit nach Frankreich und in die Schweiz. In Freiburg scheint oft die Sonne, und im Sommer ist es hier sehr warm. Meine Adresse ist Rempartstraße 15, 79098 Freiburg, und meine Telefonnummer ist (0761) 47 15 38.

1. Frank Becker ist _____ Jahre alt.
   a. zwanzig   b. neunzehn   c. zweiundzwanzig

2. Kristas Mutter kommt aus _____.
   a. Freiburg   b. Salzburg   c. Bremen

3. Von Flensburg ist es gar nicht weit nach _____.
   a. Dänemark   b. Frankreich   c. Österreich

4. Von Freiburg ist es gar nicht weit _____.
   a. nach Deutschland b. nach Italien   c. zum Schwarzwald

5. Bremen ist _____.
   a. fast in Italien   b. fast an der Nordsee c. fast in Österreich

6. In Bremen ist es im Sommer oft sehr _____.
   a. warm und regnerisch   b. kühl und regnerisch   c. heiß und sonnig

7. In Freiburg ist der Sommer _____.
   a. sehr kühl   b. sehr warm   c. sehr regnerisch

8. Frank studiert _____.
   a. Biologie   b. Mathematik   c. Soziologie und Psychologie

9. Die Vorwahl von Freiburg ist _____.
   a. 47 15 38   b. 0761   c. 79098

10. Die Postleitzahl von Bremen ist _____.
    a. 28355   b. 38 65 24   c. 0421

11. Kristas Hausnummer ist _____.
    a. 761   b. 78   c. 15

12. Krista ist _____ Jahre alt.
    a. einundzwanzig   b. zweiundzwanzig   c. dreiundzwanzig

1-16 Ein kleines Gespräch. Write a conversation by combining the scrambled sentences.

Aus Itzehoe? Wo ist das?

Ja, hier ist es auch oft regnerisch und windig.

Itzehoe ist in Norddeutschland.

Regnet es in Itzehoe auch so viel wie in Hamburg?

Wo in Nordeutschland? Bei Hamburg?

Das ist aber gar nicht schön.

Hallo, ich heiße Kirsten, und ich komme aus Itzehoe.

Ja, ungefähr fünfzig Kilometer nordwestlich von Hamburg.

〉 _____ Hallo, ich _____

〈 _____

〉 _____

〈 _____

_____

〉 _____

_____

〈 _____

〉 _____

〈 _____

Kapitel 2

2-1 Beschreiben. Choose at least six items and describe them with as many adjectives as possible from the following list.

nett	blau	rosarot	alt—neu	groß—klein
nervös	braun	rot	billig—teuer	mollig—schlank
schön	gelb	schwarz	gut—schlecht	dumm—intelligent
süß	grau	violett	kalt—warm	konservativ—modern
	grün	weiß	alt—jung	musikalisch—unmusikalisch
				praktisch—unpraktisch

1. Mein Bruder ist _konservativ und unpraktisch, aber sehr intelligent._

2. Meine Schwester ist _____

3. Ich bin _____

4. Meine Freundin ist _____

5. Mein Freund ist _____

6. Meine Mutter ist _____

7. Mein Vater ist _____

8. Mein Zimmer ist _____

9. Mein Auto ist _____

10. Mein Fahrrad ist _____

11. Mein Hund ist _____

12. Meine Katze ist _____

2-2 Ergänzen Sie *gern* oder *lieber*!

1. ❭ Warum gehen Bettina und Oliver nie in die Disco?

   ❬ Ich glaube, Oliver tanzt nicht _____.

2. ❭ Spielt David auch so _____ Squash wie du?

   ❬ Nein, er spielt viel _____ Tennis.

3. ❭ Was sind Bettinas Hobbies?

   ❬ Sie geht _____ tanzen, und sie fotografiert auch sehr _____.

4. ❯ Hörst du _____ Jazz, Kurt?

   ❮ Ja, aber Rock höre ich _____.

5. ❯ Tanzt Bettinas Freund auch so _____ wie sie?

   ❮ Nein, Oliver tanzt gar nicht _____. Er spielt viel _____ Fußball.

6. ❯ Was trinkst du, Antje, Bier oder Wein?

   ❮ Ein Glas Wein, bitte. Ich trinke _____ Wein als Bier.

7. ❯ Warum fliegt Frau Müller allein nach Schweden?

   ❮ Ich glaube, Herr Müller fliegt nicht _____.

8. ❯ Spielst du _____ Scrabble, Kathrin?

   ❮ Ja, aber Monopoly spiele ich viel _____.

9. ❯ Was machst du heute abend? Gehst du in die Disco?

   ❮ Nein, heute abend gehe ich _____ ins Kino.

10. ❯ Warum geht Günter nie in die Bibliothek?

   ❮ Ich glaube, er lernt nicht _____.

2-3 Sylvia fliegt nach Europa. Consult the map on page 17 as you read the following paragraph. Then do the activities below.

NEUE VOKABELN

bleiben	*to stay*	**die Stunde, -n**	*hour*
bei Kristianstad	*near Kristianstad*	**über Hannover**	*via Hannover*
die Fähre	*ferry*		

Sylvia fliegt Anfang Juli nach Europa. Sie fliegt mit American Airlines nach Frankfurt und dann mit Lufthansa nach Bremen. In Bremen besucht sie ihre Kusine Barbara. Bremen ist sehr schön und sehr interessant, und Sylvia bleibt fast zwei Wochen dort. Mitte Juli fahren Sylvia und Barbara nach Skandinavien. Sie haben nur wenig Geld, und sie nehmen deshalb den Bus. Sie fahren zuerst nach Lübeck, denn dort lebt Barbaras Freundin Ulrike. Sie bleiben drei Tage in Lübeck und fahren dann alle drei zu Ulrikes Freund Sven nach Kiel. Sven ist Hydrologe. Er hat ein Segelboot, und am Freitag und Samstag gehen sie alle segeln. Am Sonntag fahren sie alle zusammen nach Kopenhagen, und am Montag fahren Sylvia und Barbara dann nach Schweden. Schweden ist sehr teuer, und die beiden Studentinnen haben nicht viel Geld. Aber Barbara hat in Schweden Freunde. Diese Freunde sind auch aus Bremen und haben bei Kristianstad ein Sommerhaus. Das Wetter ist sehr schön, die Ostsee ist warm, und die zwei Kusinen bleiben fast drei Wochen. Sie gehen schwimmen und liegen am Strand, und am Abend gehen sie oft mit Barbaras Freunden tanzen. Anfang August fahren Sylvia und Barbara nach Trelleborg. Dort nehmen sie die Fähre nach Saßnitz, und von dort sind sie in wenigen Stunden in Berlin. Sie bleiben fünf Tage in Berlin und fahren dann über Hannover wieder nach Bremen. Mitte August fliegt Sylvia dann wieder nach Amerika.

A. Draw Sylvia's and Barbara's itinerary on the map below.

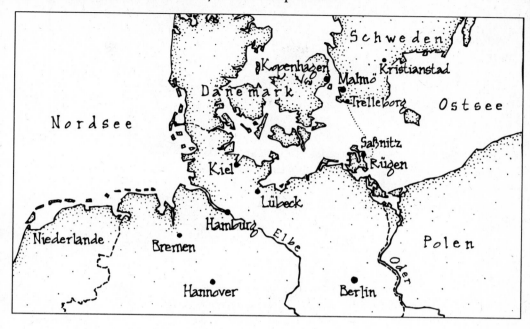

B. Complete the following sentences with the appropriate phrases.

1. Sven ist _____.
   a. Barbaras Freund   b. Sylvias Kusine   c. Ulrikes Freund

2. Barbaras Freunde haben ein Sommerhaus _____.
   a. bei Trelleborg   b. bei Kristianstad   c. bei Saßnitz

3. Ulrike lebt _____.
   a. in Bremen   b. in Lübeck   c. in Kiel

4. In Trelleborg nehmen Sylvia und Barbara die Fähre _____.
   a. nach Saßnitz   b. nach Lübeck   c. nach Kiel

5. In Berlin bleiben Sylvia und Barbara _____.
   a. nur wenige Stunden   b. fast drei Wochen   c. fünf Tage

6. _____ fahren Sylvia und Barbara nach Skandinavien.
   a. Mitte Juli   b. Anfang August   c. Anfang Juli

7. Sven hat _____.
   a. nicht viel Geld   b. ein Sommerhaus in Schweden   c. ein Segelboot

8. Von Berlin fahren Sylvia und Barbara _____ wieder nach Bremen.
   a. über Lübeck   b. über Hannover   c. über Saßnitz

9. Sven lebt _____.
   a. in Kiel   b. in Lübeck   c. in Bremen

10. Sylvia ist _____ in Europa.
    a. zwei Monate   b. fast drei Monate   c. ungefähr sechs Wochen

2-4 Subjekte und direkte Objekte. Enter the subjects and direct objects from the following sentences in the chart below.

1. Sylvia fliegt Anfang Juli nach Europa.
2. In Bremen besucht sie ihre Kusine Barbara.
3. Barbara hat in Lübeck eine Freundin.
4. Ulrikes Freund lebt in Kiel.
5. Er hat ein Segelboot.
6. Barbara hat auch in Schweden Freunde.
7. Diese Freunde sind auch aus Bremen.
8. Barbaras Freunde haben bei Kristianstad ein Sommerhaus.
9. In Trelleborg nehmen Sylvia und Barbara die Fähre.
10. Von Saßnitz sind sie in wenigen Stunden in Berlin.
11. Mitte August fliegt Sylvia wieder nach Amerika.

	SUBJEKTE	DIREKTE OBJEKTE
1		
2		
3		
4		
5		
6		
7		
8		
9		
10		
11		

2-5 Der neue Quelle-Katalog ist da. The following people have just received the new catalogue from Quelle, Germany's largest mail order business. What do they order?

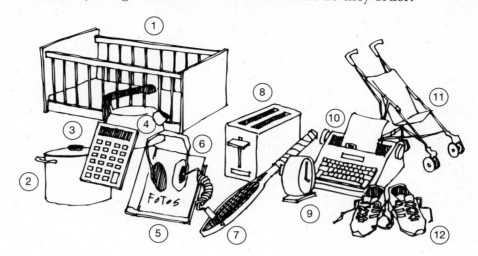

1. das Kinderbett
2. der Kochtopf
3. der Taschenrechner
4. der Teekessel

5. das Fotoalbum
6. die Kopfhörer
7. der Tennisschläger
8. der Toaster

9. der Wecker
10. die Schreibmaschine
11. der Kinderwagen
12. die Joggingschuhe

1. Robert trinkt viel Tee, ißt gern Toast, und er kocht auch sehr gern. Er bestellt

   _____den Teekessel_____, _____ und

   _____.

2. Thomas schläft morgens immer zu lang. Er bestellt deshalb

   _____.

3. Frau Krüger fotografiert gern. Sie bestellt _____.

4. Ingrid ist sehr sportlich. Sie bestellt _____ und

   _____.

5. Sebastian hört gern sehr laute Rockmusik. Sein Zimmerkollege Matthias bestellt deshalb für

   Sebastian _____.

6. Schmidts haben ein kleines Baby. Sie bestellen _____ und

   _____.

7. In Mathematik ist Stefan leider gar nicht gut. Er bestellt deshalb

   _____.

8. Julia schreibt viele Briefe, und sie tippt sehr gern und gut. Sie bestellt

   _____.

2-6 Was paßt wo? Supply the most appropriate word and precede it with the correct form of **ein**.

1. Kaffee (m) / Paß (m) / Winterjacke (f) / Regenmantel (m) / Kamera (f)

   Ich fotografiere gern. Ich brauche ___eine Kamera_____.

   Ich bin so müde. Ich glaube, ich brauche _____.

   Hier regnet es fast jeden Tag. Ich brauche _____.

   Es ist kalt. Ich brauche _____.

   Ich fliege nach Europa. Ich brauche _____.

2. CD-Spieler (m) / Rucksack (m) / Fahrrad (n) / Film (m) / Pizza (f)

   Ich habe eine Kamera. Jetzt brauche ich _____.

   Ich höre gern Musik. Ich brauche _____.

   Ich wandere gern. Ich brauche _____.

   Ich habe Hunger. Ich brauche _____.

   Zur Uni ist es sehr weit. Ich brauche _____.

2-7 Was paßt wo? Supply the most appropriate word and precede it with the correct form of **kein**.

1. Skier (pl) / Kamera (f) / Geld (n) / Pullover (m) / CDs (pl)

   Ich reise gern, aber ich habe leider ___kein Geld_____.

   Ich fotografiere gern, aber ich habe _____.

   Ich laufe gern Ski, aber ich habe _____.

   Ich habe jetzt einen CD-Spieler, aber noch _____.

   Es ist nicht kalt. Du brauchst _____.

2. Rucksack (m) / Gläser (pl) / Paßfoto (n) / Regenmantel (m) / Toaster (m)

   Ich esse gern Toast, aber ich habe _____.

   Wir haben Wein, aber _____.

   Ich brauche einen Paß und habe noch _____.

   Ich wandere gern, aber ich habe _____.

   Es regnet nicht. Du brauchst _____.

2-8 Fragewörter. Supply the nominative or accusative forms of **wer**, **was**, or **welcher**.

1. _____ Jacke kaufst du, die rote oder die blaue?

2. _____ kostet die rote Jacke?

3. _____ Bus fährt nach Merzhausen, Linie 10 oder Linie 11?

4. _____ besuchst du in Merzhausen?

5. _____ trinkt ihr lieber, Kaffee oder Tee?

6. _____ trinkt lieber Kaffee?

7. _____ Kaffee trinkt ihr lieber, den kolumbischen oder den brasilianischen?

8. _____ Rotwein kaufst du, den Burgunder oder den Chianti?

9. _____ trinkst du lieber, Rotwein oder Weißwein?

10. _____ Film findet ihr besser, *True Lies* oder *Four Weddings and a Funeral?*

11. _____ findest du besser, Arnold Schwarzenegger oder Hugh Grant?

12. _____ kennt diese beiden Filme nicht?

2-9 Kleider. Supply the correct forms of **dieser**, **jeder**, or **welcher**.

1. 〉 Was kosten _____ Sweatshirts?

   〈 Heute kostet hier _____ Sweatshirt nur 20 Mark.

2. 〉 Wie findest du _____ Mantel?

   〈 _____ Mantel ist sehr schön.

3. 〉 _____ Bluse kaufst du, die weiße oder die schwarze?

   〈 Ich glaube, ich kaufe _____ weiße Bluse hier.

4. 〉 _____ Kleid ist sehr schön, aber viel zu teuer. Ist hier _____ Kleid
   so teuer?

   〈 Nein, _____ Kleider hier sind nicht so teuer, und sie sind auch sehr schön.

5. 〉 _____ Pullover trägst du zu Bettinas Party, _____ Mohair (m) hier?

   〈 Nein, _____ Mohair ist doch viel zu warm.

2-10 Familie Ziegler. Supply appropriate possessive adjectives.

1. Nina sagt: Kennst du _____meine_____ Tante Bettina, Shauna? Sie ist _____ Lieblingstante. Ich finde _____ Kleider und _____ rotes Sportcoupé ganz toll.

2. Herr und Frau Ziegler sagen: Kennen Sie _____ Kinder, Frau Meyer? Das ist _____ Tochter Nina, und das ist _____ Sohn Robert.

3. Robert sagt: Ich finde _____ Freund Alexander doof, Nina. Warum spielt er denn immer _____ blöde Gitarre? Aber _____ Motorrad finde ich ganz toll.

4. Tante Bettina sagt: Heute abend besuche ich _____ Bruder Klaus, _____ Frau Brigitte und _____ Kinder Nina und Robert.

5. Herr Ziegler sagt: Robert und Nina, warum macht ihr denn nie _____ Betten?

6. Frau Meyer sagt: Hat _____ Tochter schon einen Freund, Frau Ziegler?

2-11 Familie Müller. Complete with appropriate forms of **haben** or **sein** and with nominative or accusative forms of **ein** or **kein**.

1. ❯ _____ Frau Müller _____ Ford oder _____ Audi?

   ❮ Ich glaube, sie _____ _____ Ford.

2. ❯ Sie _____ _____ tollen Wagen, Frau Müller. _____ es _____ Audi?

   ❮ Nein, das _____ _____ Audi, das _____ _____ Ford.

3. ❯ Wie viele Kinder _____ Müllers?

   ❮ Sie _____ _____ Tochter und _____ Sohn.

4. ❯ _____ du _____ Schwester, Christine?

   ❮ Nein, ich _____ nur _____ Bruder.

5. ❯ _____ du schon _____ Freundin, Tobias?

   ❮ Nein, ich _____ noch _____ Freundin. Aber meine Schwester hat _____ Freund.

6. ❯ Christine, dein Bruder sagt, du _____ _____ Freund.

   ❮ Dieter _____ nicht mein Freund, er _____ nur _____ Schulkamerad.

7. ❯ _____ ihr _____ Katze, Tobias?

   ❮ Nein, wir _____ _____ Hund.

   ❯ Was für _____ Hund _____ es?

   ❮ Es _____ _____ Bernhardiner (m).

2-12 Was paßt wo? Use the indefinite article only if group membership is not the issue.

1. Automechaniker / Deutscher / Wien

   ❯ Sind Sie _____, Herr Karlhuber?

   ❮ Nein, ich bin aus _____.

   ❯ Und was sind Sie von Beruf?

   ❮ Ich bin _____.

   ❯ Was verdient denn _____ in Wien?

   ❮ Nicht so viel wie hier in München.

2. Italiener / Physiotherapeutin / Ingenieur / Deutsche

   ❯ Sind deine Eltern beide aus Italien, Maria?

   ❮ Nein, nur mein Vater ist _____ Meine Mutter ist

   _____.

   ❯ Und was sind deine Eltern von Beruf?

   ❮ Meine Mutter ist _____, und mein Vater ist

   _____.

   ❯ Verdient dein Vater mehr als deine Mutter?

   ❮ Ja, _____ verdient viel mehr als

   _____.

3. Berliner / Frankfurterin

   ❯ Woher sind deine Eltern, Ralf?

   ❮ Meine Mutter ist _____, und mein Vater ist

   _____.

2-13 Was paßt zusammen? Match correctly in each set by writing the appropriate number in the space provided.

1. Matthias liest   ____ ein Bad.
2. Bernd wäscht   ____ zum Bus.
3. Sylvia spricht   ____ ein Buch.
4. Stefan läuft   ____ gern Schokolade.
5. Angelika nimmt   ____ am Telefon.
6. Martin ißt   ____ seinen Wagen.

7. Horst fährt   ____ die Katze ins Haus.
8. Claudia trägt   ____ morgen ein Konzert.
9. Robert läßt   ____ alt.
10. Helga schläft   ____ oft viel zu schnell.
11. Unsere Rockgruppe gibt ____ gern schöne Kleider.
12. Oma Ziegler wird   ____ sonntags immer bis zehn oder elf.

2-14 Kleine Gespräche. Complete the questions, using the correct forms of the appropriate verbs.

---

werden / backen / lassen / sprechen

---

1. ❯ Was für einen Kuchen _____*bckst*_____ du, Mutti?

   ❮ Einen Apfelkuchen.

2. ❯ Wann ___*sprecht*___ ihr mit Professor Seidlmeyer?

   ❮ Morgen nachmittag um drei.

3. ❯ Wie alt ___*wierdt*___ Helga morgen?

   ❮ Einundzwanzig.

4. ❯ Warum _____*lst*_____ du Horst nie deinen Wagen fahren?

   ❮ Er fährt viel zu schnell.

---

laufen / lesen / geben / fahren

---

5. ❯ Was _____ du denn da?

   ❮ Einen Artikel über Shakespeares Sonette.

6. ❯ Was ___*gebt*___ es heute zu essen?

   ❮ Spaghetti mit Tomatensoße.

7. ❯ Was für einen Wagen _____*fährt*_____ deine Freundin?

   ❮ Einen Audi 5000.

8. ❯ Wohin ___*läuft*___ Martin?

   ❮ Zum Bus.

---

schlafen / tragen / nehmen / sehen

---

9. ❯ Warum ___*nimmt*___ du denn keinen Kuchen, Anita?

   ❮ Kuchen mach doch dick!

10. ❯ Wann ___*siest*___ du deinen Freund wieder?

    ❮ Erst nächsten Sommer.

11. ❯ ___*Schläft*___ Monika immer so lang?

    ❮ Nein, nur am Wochenende.

12. ❯ Was ___*tragst*___ du Monikas Party?

    ❮ Meinen schwarzen Rock und meinen neuen schwarzen Pullover.

2-15 Das große Familienpicknick. Complete the following story by supplying the appropriate verbs from the list preceding each paragraph.

---

nehmen / fahren / tragen

Familie Ziegler _____fährt_____ heute zu Onkel Alfreds Sommerhaus, denn dort ist heute—wie jeden Herbst—das große Familienpicknick. Nina _____trägt_____ das Essen zum Auto, und Vati bringt den Wein und Muttis Apfelstrudel. Uwe _____nimmt_____ seinen Fußball mit, denn er und seine Vettern spielen bei Familienpicknicks immer stundenlang Fußball.

---

schlafen / werden / lesen / sehen / fahren

Im Auto _____ Nina ein Buch, Robert ist müde und _____, und beide *beth*
_____sehen_____ deshalb die wunderbaren Herbstfarben nicht. Vati _____fährt_____ wieder viel zu schnell, und Mutti _____we_____ ganz nervös.

---

essen / lassen / sprechen / geben

Bei Onkel Alfreds Sommerhaus _____gibt_____ Mutti dann noch ein paar Instruktionen: »Nina, du _____ bitte dein Buch im Auto, Robert, du _____ nicht wieder so viel, und du, Klaus, _____ bitte nicht immer nur mit Onkel Alfred.«

2-16 Im Delikatessengeschäft. Supply the appropriate endings.

1. ❯ Ist dies____ kalifornisch____ Olivenöl (n) gut?

   ❮ Es ist sehr gut, aber ich finde dies____ spanisch____ Olivenöl noch besser.

2. ❯ Ist dies____ indisch____ Tee (m) gut?

   ❮ Er ist sehr gut, aber ich finde dies____ chinesisch____ Tee noch besser.

3. ❯ Sind dies____ italienisch____ Oliven gut?

   ❮ Sie sind sehr gut, aber ich finde dies____ griechisch____ Oliven noch besser.

4. ❯ Ist dies____ ungarisch____ Salami (f) gut?

   ❮ Sie ist sehr gut, aber ich finde dies____ italienisch____ Salami noch besser.

5. ❯ Ist dies____ brasilianisch____ Kaffee (m) gut?

   ❮ Er ist sehr gut, aber ich finde dies____ kolumbisch____ Kaffee noch besser.

6. ❯ Ist dies____ deutsch____ Schokolade (f) gut?

   ❮ Sie ist sehr gut, aber ich finde dies____ belgisch____ Schokolade noch besser.

7. ❯ Ist dies____ kanadisch____ Bier (n) gut?

   ❮ Es ist sehr gut, aber ich finde dies____ australisch____ Bier noch besser.

8. ❯ Sind dies____ spanisch____ Orangen gut?

   ❮ Sie sind sehr gut, aber ich finde dies____ israelisch____ Orangen noch besser.

2-17 Meinungen. Supply the appropriate endings where necessary.

1. Nina sagt: Meine Tante Bettina ist ein___ sehr gut___ Physiotherapeutin. Sie hat ein___ toll___ Leben (n), und sie fährt ein___ teur___, rot___ Sportcoupé (n).

2. Robert sagt: Ninas Freund Alexander ist so ein___ doof___ Typ (m)! Er ist oft stundenlang bei Nina und spielt sein___ blöd___ Gitarre (f). Aber sein___ neu___ Motorrad (n) ist ganz toll.

3. Frau Ziegler sagt: Beverly Harper ist mein___ best___ Freundin. Sie ist ein___ sehr gut___ Journalistin, und mein Mann und ich lesen ihr___ interessant___ Artikel (pl) sehr gern.

4. Herr Ziegler sagt: Mein Bruder Alfred ist ein___ langweilig___ Mann. Er trägt immer ein___ teur___, grau___ Anzug (m), und er fährt ein___ dick___, grau___ Mercedes (m).

2-18 Ein richtiger Gourmet. Supply the appropriate endings.

Herr Ziegler sagt: Mein Bruder Alfred ist ein richtiger Gourmet. Gut___, französisch___ Rotwein (m) ist sehr teuer, aber Alfred verdient ja gut, und er trinkt deshalb immer nur teur___, französisch___ Rotwein. Bier trinkt er nicht sehr oft, und dann immer nur teur___, bayerisch___ Bier (n). Er ißt auch oft Kaviar. Russisch___ Kaviar (m) ist sehr teuer und sehr gut, aber Alfred findet iranisch___ Kaviar besser und ißt deshalb nur iranisch___ Kaviar. Er ißt auch gern Oliven, und er findet italienische___ Oliven (pl) nicht so gut wie griechisch___ Oliven. Schweizer Schokolade ist gut, aber Alfred findet sie nicht so gut wie belgisch___ Schokolade (f) und kauft deshalb immer nur teur___, belgisch___ Schokolade.

2-19 Immer negativ. Respond to the questions in complete sentences.

1. ❯ Kommst du heute abend?

   ❮ Nein, ich _____

2. ❯ Seid ihr heute abend nicht zu Hause?

   ❮ Nein, wir _sind_____

3. ❯ Geht Claudia oft ins Kino?

   ❮ Nein, sie _geht nicht_____

4. ❯ Kennst du Stephanie?

   ❮ Nein, ich _kenne Steph nicht_____

5. ❯ Wohnt ihr im Studentenheim?

   ❮ Nein, wir _____

6. 〉 Arbeitest du jeden Samstag?

   〈 Nein, ich _____

   [handwritten: D O]

7. 〉 Arbeitet Martin morgen?

   〈 Nein, er _____

8. 〉 Verkauft Peter sein Fahrrad?   *[handwritten: nicht at end]*

   〈 Nein, er _____

9. 〉 Gehst du in die Bibliothek?   *[handwritten: nicht]*

   〈 Nein, ich _____

10. 〉 Kaufst du das Kochbuch?   *[handwritten: nicht]*

   〈 Nein, ich _____

2-20 Das ist Tina Hill. Mark is interviewing Tina. Tina's responses are given. Write Mark's questions.

MARK: _Warum lernst du Deutsch, Tina?_ _____

TINA: Ich brauche es für mein Hauptfach.

MARK: _____?

TINA: Mein Hauptfach ist Philosophie.

MARK: _____?

TINA: Nein, meine Eltern sprechen kein Wort Deutsch.

MARK: _____?

TINA: Meine Mutter ist Fototechnikerin, und mein Vater arbeitet für die Stadt.

MARK: _____?

TINA: Ja, ich habe einen Bruder.

MARK: _____?

TINA: Thomas ist sechsundzwanzig.

MARK: _____?

TINA: Er ist Chemiker, und er arbeitet bei Dupont.

MARK: _____?

TINA: Ich lese gern, und ich spiele oft mit David Schach.

MARK: _____?

TINA: David ist mein Freund.

MARK: _____?

TINA: Ja, er studiert Geographie.

2-21 Wortsalat. Find 11 additional adjectives or adverbs and write their opposites.

g	r	o	ß	d	s	ü	ß	r	h
u	k	h	v	o	y	z	o	e	e
f	e	u	s	r	l	a	n	g	i
j	d	ä	x	t	t	j	e	p	ß
u	ö	l	w	f	b	f	u	n	i
n	w	a	r	m	n	d	ü	n	n
g	t	w	e	n	i	g	s	h	k
d	u	m	m	e	i	m	m	e	r

1. ___groß___ ___klein___   7. _____ _____

2. _____ _____   8. _____ _____

3. _____ _____   9. _____ _____

4. _____ _____   10. _____ _____

5. _____ _____   11. _____ _____

6. _____ _____   12. _____ _____

2-22 Kategorien. Enter the following nouns under the appropriate categories.

das Rad / der Vetter / die Kassette / das Barometer / die Geschwister /
die Gitarre / der Herbst / die Eltern / die Milch / das Wasser / der Wagen /
das Eis / das Motorrad / die Tochter / das Bier / der Jazz / das Thermometer /
die Rockgruppe / der Bus / der Wein / das Sportcoupé /
der Stiefvater / der Regen / der Kaffee / die Trompete

FAMILIE	FAHRZEUGE	GETRÄNKE
_____	_____	_____
_____	_____	_____
_____	_____	_____
_____	_____	

MUSIK	WETTER
_____	_____
_____	_____
_____	_____
_____	_____

3-1 Kleine Gespräche. Complete these short conversations, using appropriate modal verbs from the choices given. Note that some verbs are used more than once.

1. dürfen / können / mögen / müssen

   › Warum machst du denn dein tolles Chili con carne nie mehr, Bettina? Ich _____mag_____ es doch so gern.

   ‹ Mein Chili con carne? Das braucht viel zu viel Zeit. Aber du _____kannst_____ es gern selbst kochen.

   › Ich? Ich _____darf_____ doch nicht kochen.

   ‹ Dann _____mußt_____ du es so schnell wie möglich lernen.

2. wollen / mögen / können

   › Warum _____magst_____ du denn deine Zimmerkollegin nicht, Monika?

   ‹ Brigitte _____will_____ immer laute Musik hören, und ich _____kann_____ deshalb nie richtig lernen.

3. dürfen / wollen / mögen

   › Warum _____magst_____ du denn deine Zimmerkollegin nicht, Brigitte?

   ‹ Monika _____will_____ immer nur lernen, und ich _____mag_____ deshalb nie laute Musik hören.
   _____darf_____

4. können / müssen / möcht-

   › Gehst du heute abend mit uns tanzen, Claudia?

   ‹ Ich _____möchte_____ gern, aber ich _____kann_____ nicht. Ich _____muß_____ bis morgen früh zwei Dramen von Shakespeare lesen. _____Kannt_____ ihr denn nicht morgen abend tanzen gehen?

   › Nein, morgen abend _____müssen_____ wir für einen Test in Mathematik lernen.

5. müssen / dürfen / möcht-

   › _____dürfen_____ wir heute abend fernsehen, Mutti?

   ‹ Was _____müßt_____ ihr denn sehen?
   _____mochtet_____

   › Zuerst _____möchten_____ wir Star Trek sehen und dann die Simpsons.

   ‹ Das _____dürft_____ ihr, aber zuerst _____müßt_____ ihr eure Hausaufgaben machen.

6. möcht- / sollen

> Was _sollen_ wir heute abend machen? _sollen_ wir in die Kneipe gehen oder ins Kino?

< Ich _möchte_ heute lieber mal früh ins Bett.

7. möcht- / sollen

> _Möchtet_ ihr morgen segeln gehen?

< Bist du verrückt? Morgen _soll_ es doch regnen.

> Nur morgen früh. Morgen nachmittag _soll_ die Sonne scheinen.

3-2 Am Mittwoch hat Günter so viel zu tun! Complete the story below using the separable verbs given in parentheses.

Mittwochs _fangen_ Günter Vorlesungen schon um acht _an_ (anfangen), und er muß deshalb schon um sieben _aufstehen_ (aufstehen) und um halb acht _weggehen_ (weggehen). Um zwölf ißt Günter zu Mittag, und um halb eins _geht_ er dann mit seiner Freundin **Helga** _spazieren_ (spazierengehen). Kurz vor drei _kommen_ **Helga** und Günter wieder _zurück_ (zurückkommen), denn Günters Übung in Botanik _fangt_ Punkt drei _an_ (anfangen). Die Botanikübung geht bis halb sechs, und so _kommt_ Günter mittwochs erst um sechs _heim_ (heimkommen). Er ißt schnell zu Abend, _ruft_ dann **Helga** _an_ (anrufen) und sagt: »Ich gehe jetzt in die Bibliothek und lerne dort bis zwölf Uhr nachts.«

Tina muß mittwochs nicht früh _aufstehen_ (aufstehen), denn ihre erste Vorlesung _fangt_ erst nachmittags um halb zwei _an_ (anfangen). Um zehn oder halb elf geht sie meistens zum Supermarkt, und manchmal _kommt_ sie erst kurz vor eins _zurück_ (zurückkommen). Zehn nach eins muß sie _weggehen_ (weggehen), denn der Bus zur Uni _fährt_ Punkt ein Uhr zwanzig _ab_ (abfahren). **Tinas** letzte Vorlesung ist um halb sieben zu Ende. Sie _geht_ dann schnell _heim_ (heimgehen) und macht ein gutes Abendessen. Um halb acht kommt dann ihr Freund Günter, denn mittwochs _gehen_ **Tina** und Günter immer abends miteinander _aus_ (ausgehen).

Now reread the story above and then give your opinion of Günter by checking the statement(s) you believe to be true about him.

___ Günter ist ein fleißiger Student.

_✓_ Günter ist kein Dummkopf.

_✓_ Günter ist ein falscher Hund.

Time before place

3-3 Aussagen, Fragen, Reaktionen. Write statements or questions, using the components correctly. Then choose the appropriate responses from those listed below by writing the numbers of the questions in the spaces provided.

1. fast immer / wir / einkaufen / im Supermarkt / .

   Wir kaufen fast immer in S. ein.

2. ich / dürfen / warum / fernsehen / denn nicht / Mutti / ?

   Warum darf ich denn nicht fernsehen, Mutti?

3. immer so spät / du / aufstehen / ?

   Stehst du immer so spät auf?

4. was / vorhaben / nächstes Wochenende / du / ?

   Was hast du nächstes Wochenende vor?

5. aussehen / Tinas neuer Freund / wie / ?

   Wie sieht Tinas neuer Freund aus?

6. du / können / aufräumen / nicht mal ein bißchen / Claudia / ?

   Kannst du nicht mal ein bißchen aufräumen, C.?

7. ankommen / um wieviel Uhr / Sie / in Frankfurt / ?

   Kommen Sie um wieviel Uhr in Frankfurt an?

8. heute abend / ihr / warum / nicht / ausgehen / ?

   Warum geht ihr heute abend nicht aus?

9. wann / das Wintersemester / anfangen / in Deutschland / ?

   Wann fängt das W. in D. an?

10. dürfen / anprobieren / ich / das Kleid / ?

    Darf ich das Kleid anprobieren?

REAKTIONEN:

_2_ Weil du lernen sollst.

_3_ Nein, nur am Wochenende.

_6_ Ja, bitte.

_7_ Morgens um halb sieben.

_4_ Da besuche ich meinen Freund.

_9_ Mitte Oktober.

_5_ Er ist groß und schlank.

_8_ Wir müssen lernen.

_10_ Klar! Aber nicht heute.

_1_ Wir auch.

3-4 Stefan ist sehr musikalisch und sehr sportlich. The chart shows which instruments Stefan plays and which sports he does. Answer the questions about Stefan in complete sentences.

INSTRUMENTE		SPORTARTEN	
___	Flöte	x	Ski
x	Saxophon	___	Tennis
___	Trompete	x	Motorrad
x	Gitarre	___	Windsurfing
x	Klavier	x	Fußball
___	Violine	x	Eishockey

1. Läuft Stefan Ski?

   Ja, er läuft Ski. _____

2. Kann Stefan Flöte spielen?

   _____

3. Spielt Stefan Gitarre?

   _____

4. Geht Stefan Windsurfing?

   _____

5. Kann Stefan Klavier spielen?

   _____

6. Spielt Stefan Eishockey?

   _____

7. Fährt Stefan Motorrad?

   _____

8. Kann Stefan Trompete spielen?

   _____

3-5 Live-Sendungen machen die Welt kleiner. Via satellite TV, important sports events like the Hockey or Soccer World Cups or the Tennis or Figure Skating Championships can be seen live in all parts of the world. The chart below shows the world time zones. Use the chart to determine at what time viewers in various cities of the world must turn on their TV sets to see the following events live. Note that all clock times are given in official time. In your responses, use colloquial time, write the time in words, and indicate the part of the day.

1. Die Eishockeyweltmeisterschaft in Moskau beginnt um 20.00 Uhr. Um wieviel Uhr beginnt die Live-Sendung in

   a. Boston?   b. Vancouver?   c. Stockholm?

   a. In Boston ___beginnt sie um zwölf Uhr mittags.___

   b. In Vancouver _____

   c. In Stockholm _____

2. Die Fußballweltmeisterschaft in Buenos Aires beginnt um 13.00 Uhr. Um wieviel Uhr beginnt die Live-Sendung in

   a. Bombay?   b. Frankfurt?   c. New York?

   a. In Bombay _____

   b. In Frankfurt _____

   c. In New York _____

3. Das Tennismatch Steffi Graf—Monika Seles in Wimbledon beginnt um   9.00 Uhr. Wann beginnt die Live-Sendung in

   a. Los Angeles?   b. Kairo?   c. Singapur?

   a. In Los Angeles _____

   b. In Kairo _____

   c. In Singapur _____

4. Die Eiskunstlaufweltmeisterschaft in Barcelona beginnt um 10.00 Uhr. Wann beginnt die Live-Sendung in

   a. Mexiko   b. Johannesburg   c. Melbourne

   a. In Mexiko _____

   b. in Johannesburg _____

   c. in Melbourne _____

3-6 Tage und Tageszeiten. Imagine that it is **Sunday noon.** How would you refer to other parts of this day or the two days preceding and the two days following it? To specify the day, use the expressions **heute, gestern, vorgestern, morgen, übermorgen.** Specify the part of the day by using the more general terms **abend, nacht, früh, vormittag,** etc. for the clock times given below. Note that all clock times are given in official time.

1. Freitag, 20.00 Uhr _____acht Uhr vorgestern abend_____
2. Montag, 10.00 Uhr _____zehn Uhr morgen früh_____
3. Sonntag, 7.00 Uhr _____sieben Uhr heute morgen_____
4. Samstag, 16.00 Uhr _____vier Uhr gestern nachmittag_____
5. Dienstag, 19.00 Uhr _____sieben Uhr übermorgen abend_____
6. Freitag, 23.00 Uhr _____elf Uhr vorgestern nacht_____
7. Sonntag, 15.00 Uhr _____drei Uhr heute nachmittag_____
8. Montag, 6.00 Uhr _____sechs Uhr morgen früh_____
9. Samstag, 11.00 Uhr _____elf Uhr gestern morgen_____
10. Dienstag, 17.00 Uhr _____fünf Uhr übermorgen abend_____

3-7 Eltern. David is about to go off to university and his parents give him last-minute instructions. Using appropriate verbs, write these instructions in the form of commands.

---

aufstehen / waschen / sein / vergessen / schreiben /
mitnehmen / ausgeben / aufräumen / essen / sitzen

---

1. nicht so viel Geld für Bier

    VATI: _____Gib nicht so viel Geld für Bier aus!_____

2. uns bitte jede Woche einen Brief

    MUTTI: _____Schreib uns bitte jede Woche einen Brief!_____

3. dein Adressenbüchlein nicht

    VATI: _____Vergess dein Adressenbüchlein nicht!_____

4. auch warme Kleider

    MUTTI: _____Nimm auch warme Kleider mit!_____

5. morgens nicht immer so spät

    VATI: _____Steh morgens nicht immer so spät auf!_____

[handwritten margin notes top: fahren du fahr / ihr fahrt sie fahren sie / lesen du lies ihr lest sie lesen sie]

6. bitte jeden Morgen ein ordentliches Frühstück

MUTTI: _Iß bitte jeden Morgen ein ordentliches Frühstück!_

7. ja nie weiße Hemden mit Jeans zusammen

MUTTI: _Wasch ja nie weiße Hemden mit Jeans zusammen._

8. nicht den ganzen Tag vor dem Fernseher

VATI: _Sitz nicht den ganzen Tag vor dem Fernseher!_

9. bitte auch manchmal dein Zimmer

MUTTI: _Räum bitte auch manchmal dein Zimmer auf!_

10. bitte nie so taktlos wie hier zu Hause

VATI: _Sei bitt nie so taktlos wie hier zu Hause!_

3-8 Kleine Szenen. After reading each of the following scenarios, write three commands by matching the verbs and the other components appropriately. Be sure to use the proper level of address.

1. You are the parent of two teenagers who are going to a party tonight. When they are about to leave, you say:

trinken	bitte nicht den ganzen Abend Videos
sein	ja keinen Alkohol
anschauen	bitte vor Mitternacht zu Hause

[handwritten margin: Sei seid seien Sie]

Trinkt ja keinen Alkohol!

Seid bitte vor Mitternacht zu Hause!
Schaut bitte nicht den ganzen Abend Videos.

2. The student with whom you are sharing an apartment is terribly sloppy. Today you have had enough. Since you know that she/he will be home before you, you write the following requests on a piece of paper:

aufräumen	heute bitte mal dein Bett
machen	doch endlich mal deine Bücher
aufhängen	bitte deine Kleider

Häng bitte deine Kleider auf!
Mach heute bitte mal dein Bett!
Räum doch endlich mal deine Bücher auf!

[handwritten margin: Steh ... auf]

3. You are a German professor and you ask your class to do the following:

sprechen	diesen Artikel bis morgen bitte
fertiglesen	bitte gut
zuhören	doch bitte ein bißchen lauter

Sprechen Sie   *Sprecht doch bitte ein bißchen lauter!*

Lesen Sie   *Lest diesen Artikel bis morgen bitte fertig!*

Hören Sie   *Hört bitte gut zu!*

Nimm Urlaub vom Auto ... fahr mit der Bahn **DB**

3-9 Weil or wenn? Of the two responses given, select the appropriate one and introduce it with **weil** or **wenn**.

1. ❯ Warum frühstückt Eva nie?

   ❮   Weil sie immer zu spät aufsteht.

   Sie steht immer zu früh auf.
   Sie steht immer zu spät auf.

2. ❯ Kommt Peter heute abend?

   ❮   *Wenn er nicht arbeiten muß.*

   Er muß nicht arbeiten.
   Er muß arbeiten.

3. ❯ Wann gehst du nach Hause?

   ❮   *Wenn meine letzte Vorlesung zu Ende ist.*

   Meine letzte Vorlesung fängt an.
   Meine letzte Vorlesung ist zu Ende.

4. ❯ Warum kaufst du das Fahrrad nicht?

   ❮   *Weil ich nicht genug Geld habe*

   Ich habe nicht genug Geld.
   Ich habe zuviel Geld.

5. ❯ Wann kaufst du das Fahrrad?

   ❮   *Wenn ich genug Geld habe*

   Ich habe genug Geld.
   Ich habe kein Geld.

6. ❯ Warum stehst du denn nicht auf?

   ❮   *Weil ich heute keine Vorlesungen habe*

   Ich habe heute viele Vorlesungen.
   Ich habe heute keine Vorlesungen.

7. ❯ Sollen wir heute nachmittag schwimmen gehen?

    ❮ _____ *Wenn es nicht regnet* _____

Es regnet.
Es regnet nicht.

8. ❯ Warum ißt du denn so wenig?

    ❮ _____ *Weil ich keinen Hunger habe* _____

Ich habe keinen Hunger.
Ich bin so hungrig.

3-10 Sagen Sie es anders! Combine the two sentences given into a single meaningful sentence. Each time write two versions: a) the subordinate clause follows the main clause, b) the subordinate clause precedes the main clause.

1. Du gehst immer so spät ins Bett. Du wirst krank.

    a. ____ Du wirst krank ____, wenn ____ du immer so spät ins Bett gehst. ____

    b. Wenn du ____ immer so spät ins Bett gehst, wirst du krank. ____

2. Du mußt zum Arzt gehen. Du hast Fieber.

    a. ____ *Du mußt Arzt gehen* ____, wenn ____ *du Fieber* ____
        ____ *hast* ____

    b. Wenn ____ *du Fieber hast, mußt du zum Arzt gehen.* ____

3. Kurt kommt erst um sieben nach Hause. Er muß bis sechs arbeiten.

    a. ____ *Kurt kommt erst um sieben nach Hause*, weil ____
        ____ *er bis sechs arbeiten muß.* ____

    b. Weil ____ *er bis sechs arbeiten muß, kommt*
        ____ *Kurt erst um sieben nach Hause.* ____

4. Ich habe morgen früh einen Test. Ich kann heute abend nicht ausgehen.

    a. ____ *Ich kann heute abend nicht ausgehen*, weil ____
        ____ *ich morgen früh einen Test habe.* ____

    b. Weil ____ *ich morgen früh einen Test habe, kann*
        ____ *ich heute abend nicht ausgehen* ____

5. Du kannst dieses Fahrrad nicht kaufen. Du hast nicht genug Geld.

   a. _Du kannst dieses Fahrrad nich kaufen_
   wenn _du nicht genug Geld hast_

   b. Wenn _du nicht genug Geld hast, kannst du_
   dieses Fahrrad nicht kaufen

6. Ich bin müde. Ich brauche eine Tasse Kaffee.

   a. _Ich brauche eine Tasse Kaffee_, wenn _ich müde bin._

   b. Wenn _ich müde bin, brauche ich eine_
   Tasse Kaffee

7. Bernd nimmt heute den Bus. Sein Wagen ist wieder mal kaputt.

   a. _Bernd nimmt heute den Bus_, weil _sein Wagen_
   wieder mal kaputt ist.

   b. Weil _sein Wagen wieder mal kaputt ist,_
   nimmt Bernd heute den Bus .

3-11 Assoziationen. Choose the appropriate words from the list to complete the word sets.

die Vorlesung / lesen / die Schüssel / der Nachtisch / spielen
das Glas / die Bibliothek / trinken / die Scheibe / fahren

1. der Tee	-	die Tasse	6. das Referat	-	schreiben
die Milch	-	das Glas	das Zeitung	-	_lesen_
2. die Suppe	-	essen	7. die CD	-	hören
der Kaffee	-	_trinken_	die Gitarre	-	_spielen_
3. der Toast	-	das Frühstück	8. das Flugzeug	-	fliegen
der Kuchen	-	_der Nachtisch_	der Zug	-	_fahren_
4. der Kuchen	-	das Stück	9. der Bäcker	-	das Brot
das Brot	-	_die Scheibe_	der Professor	-	_die Vorlesung_
5. essen	-	die Cafeteria	10. der Joghurt	-	der Becher
lesen	-	_die Bibliothek_	die Suppe	-	_die Schüssel_

3-12 Ein schwieriger Gast. Julia finds that her uncle Gerd is a house guest who is hard to please. Using the scrambled sentences below, write Julia's pre-breakfast conversation with her uncle.

Aber Tee mag ich doch nicht.
Du kannst morgens nicht soviel essen? Warum denn nicht?
Und Milch? Magst du Milch?
Ich darf keinen Kaffee trinken, Julia.
Und was möchtest du essen? Ein Ei und ein paar Scheiben Toast?
Möchtest du Kaffee zum Frühstück, Onkel Gerd?
Ich möchte nicht dick werden.
Ja, ein Glas Milch trinke ich gern.
Dann mache ich Tee.
Kein Ei, bitte, und nur *eine* Scheibe Toast. Ich kann morgens nicht so viel essen.

J: Möchtest du Kaffe zum Fruhstuck, onkel Gerd?

G: Ich darf keinen Kaffe trinken, julia

J: Dann mache ich Tee

G: Aber Tee mag ich doch nicht

J: Und milch, magst du milch?

G: Ja, ein Glas milch trinke ich gern.

J: Und was mochtest du Esen? Ein Ei und ein paar scheiben Doast?

G: Kein Ei, bitte, und nur eine Scheibe Toast. Ich kann morgens nicht so viel essen

J: Du kannst morgens nicht so vil essen? Warum denn nicht?

G: Ich möchte nicht dick werden.

Kapitel 4

4-1 Kleine Gespräche. Complete the responses. Use personal pronouns for all subjects and direct objects.

1. > Kennst du Stephanie Braun?

   < ___Nein, ich kenne sie nicht._____

2. > Kommt Claudia mit?

   < Ja, _____ glaube, _____

3. > Kauft ihr die Schreibmaschine?

   < Nein, _____

4. > Wäscht Uwe meinen Wagen?

   < Nein, _____

5. > Möchten Sie das Kleid anprobieren, Frau Müller?

   < Ja, _____

6. > Ladet ihr Onkel Alfred ein?

   < Nein, _____

7. > Müssen wir euch abholen?

   < Nein, _____

8. > Könnt ihr uns abholen?

   < Ja, _____

9. > Kennen Sie diesen Film, Frau Haag?

   < Nein, _____

10. > Rufst du mich heute abend an?

    < Ja, _____

11. > Möchtest du Peter kennenlernen?

    < Ja, _____

12. > Bringt ihr eure Surfbretter mit?

    < Ja, _____

4-2 Das ist meine Kamera. Supply the appropriate nouns, personal pronouns, and possessive adjectives.

 1. Das ist eine ____Kamera____. Ich kaufe ____sie____. Dann ist das

__meine Kamera__.

 2. Das ist ein _____. Brigitte kauft _____. Dann ist das

_____.

 3. Das ist ein _____. Thomas kauft _____. Dann ist das

_____.

 4. Das ist ein _____. Wir kaufen _____. Dann ist das

_____.

 5. Das sind _____. Du kaufst _____. Dann sind das

_____.

 6. Das ist ein _____. Zieglers kaufen _____. Dann ist das

_____.

 7. Das ist eine _____. Ihr kauft _____. Dann ist das

_____.

8. Das ist ein _____. Ich kaufe _____. Dann ist das

   _____.

9. Das ist eine _____. Sie kaufen _____, Frau Koch. Dann

   ist das _____.

4-3 Kleine Gespräche. Supply the appropriate personal pronouns or possessive adjectives.

1. ihren / du / sie / er

   ❯ Du Sabine, weißt _____ vielleicht, warum Monika _____ Wagen verkauft?

   ❮ Ich glaube, _____ kostet _____ zu viel.

2. mich / Ihr / meine

   ❯ Fährt _____ Sohn Sie nach Berlin, Frau Schneider?

   ❮ Nein, diesmal fährt _____ _____ Tochter.

3. wir / seine / euren / ihn

   ❯ Mögt ihr _____ neuen Professor?

   ❮ Ja, _____ finden _____ und _____ Vorlesungen sehr interessant.

4. dein / dich / mein / mich / dich

   ❯ Soll ich _____ abholen, Tina, oder holt _____ Freund _____ ab?

   ❮ Heute holt _____ Freund _____ ab.

5. sie / ihr / Sie / sie

   ❯ Warum verkaufen Vogels denn _____ Haus? Brauchen _____ Geld?

   ❮ Warum fragen _____ _____ denn nicht selbst, Frau Dollinger?

6. uns / euch / unsere / eure

   ❯ Gibt _____ Professorin _____ auch so viel Hausaufgaben?

   ❮ Nein, aber _____ Professorin gibt _____ jede Woche ein Quiz.

4-4 Ergänzen Sie! Complete with **durch**, **für** or **gegen** and with the appropriate pronouns and endings.

1. Wie will dieser Mann denn Präsident werden? Die Frauen sind doch fast alle

   ____gegen____ ____ihn____!

2. Heute gehen wir mal _____ d___ Englischen Garten (m) nach Hause.

3. _____ sein___ Hobbys hat Thomas immer Zeit.

4. Bekommen wir die Karten _____ d___ Konzert wieder _____ d___ Sekretärin?

5. Bist du _____ oder _____ d___ Sozialismus (m)?

6. Bernd holt uns _____ sechs ab.

7. Joggst du immer noch jeden Morgen _____ d___ Park (m)?

8. Ich finde, Moritz ist sehr groß _____ sein___ Alter (n).

9. _____ _____ tue ich alles, Frau Meyer.

4-5 Ergänzen Sie! Complete with **für**, **ohne** or **um** and with appropriate pronouns or endings.

1. Hoffentlich kommen Maiers diesmal _____ ihr___ großen Berhardiner (m)!

2. Nächsten Sommer machen wir eine Fahrradtour _____ d___ Bodensee (m).

3. _____ mich keinen Zucker und keine Milch, bitte. Ich trinke meinen Tee _____
   Milch und _____ Zucker.

4. Der Bäcker ist gleich hier _____ d___ Ecke.

5. Bernd hat morgen früh _____ halb zehn einen Test und sagt, wir sollen heute mal
   _____ _____ tanzen gehen.

6. Ich kann _____ _____ nicht leben, Sabine!

7. Ich kaufe noch schnell ein paar Blumen _____ Tante Bettina. Wir können sie doch
   nicht _____ Blumen besuchen kommen.

4-6 Du und ich. Write questions and responses according to the model.

1. gern essen

    ❯ ___Ist du auch so gern wie ich?_____

    ❯ ___Ich esse viel lieber als du._____

2. lang schlafen

    ❯ _____

    ❮ _____

3. gern lesen

    ❯ _____

    ❯ _____

4. viel backen

    ❯ _____

    ❯ _____

5. wenig Zucker nehmen

    ❯ _____

    ❯ _____

6. schnell fahren

    ❯ _____

    ❯ _____

7. gut Deutsch sprechen

    ❯ _____

    ❯ _____

4-7 Vergleiche. Read the statements and then complete the comparisons.

NEUE VOKABELN

der Einwohner, -   *inhabitant*
der Quadratmeter, -   *square meter*
die Seite, -n   *page*

1. Der Porsche kostet 100 000 Mark, und der Ford kostet 25 000 Mark.

   Der Porsche ist viel ___teurer als der Ford._____

2. Ingrid ist 25 Jahre alt, und Sabine ist 18.

   Sabine ist sieben Jahre _____

3. Luxemburg hat 372 000 Einwohner, und Irland hat 3 540 000 Einwohner.

   Irland hat _____

4. Bei A & P kostet der Liter Eiscreme DM 5,49, und bei Tengelmann kostet der Liter Eiscreme nur DM 5,19.

   Bei Tengelmann ist der Liter Eiscreme 30 Pfennig _____

   _____

5. Bernds Zimmer ist 25 Quadratmeter groß, und Florians Zimmer ist 22 Quadratmeter groß.

   Florians Zimmer ist drei Quadratmeter _____

   _____

6. Evas Referat hat zwölf Seiten, und Kurts Referat hat nur acht Seiten.

   Evas Referat ist vier Seiten _____

   _____

7. Der Fudschijama ist 3776 Meter hoch, und der Mount Everest ist 8848 Meter hoch.

   Die Mount Everest ist 5072 Meter _____

8. Das Wasser in Spohns Swimmingpool hat 24 Grad, und das Wasser in Kellers Swimmingpool hat 22 Grad.

   Das Wasser in Spohns Swimmingpool ist zwei Grad _____

   _____

9. Der Januar hat 31 Tage, und der Februar hat nur 28 oder 29 Tage.

   Der Februar ist zwei oder drei Tage _____

10. In Frankfurt zeigt das Thermometer heute minus fünf Grad, und in München zeigt es minus zehn Grad.

    In München ist es heute fünf Grad _____

11. Bauers Haus hat zwölf Zimmer und Kuhns Haus hat sechs Zimmer.

    Bauers Haus ist viel _____

12. Im Café Sonnenberg kostet eine Tasse Tee DM 3,10 und eine Tasse Kaffee DM 3,50.

    Im Café Sonnenberg kostet eine Tasse Tee 40 Pfennig _____

4-8 Ferien in Österreich. You are thinking of a vacation in Austria. Study the brochure and answer the questions below in complete sentences.

Hotel-, Gaststätten- und Privatzimmerverzeichnis von Rohrmoos-Untertal

13 Garage	17 Kinderspielzimmer	21 Tennisplatz	25 Fitneβraum	29 Personenlift	33 Ponyreiten
14 Appartement	18 TV	22 Haustiere erlaubt	26 Hallenbad	30 Bar	34 Schülergruppen
15 Küchenbenützung	19 Kabel/Sat-TV	23 Sauna	27 Whirlpool	31 Bibliothek	35 Eisstockbahn
16 Kinderspielplatz	20 Tischtennis	24 Solarium	28 Freibad	32 Nichtraucher	36 Nichtraucherraum

Inklusivpreise: – Zimmer/Frühstück ca. S 60,– Ermäßigung. Vollpension ca. S 60,– Aufzahlung. Schüler- und Gruppenpreise auf Anfrage

Planquadrat	Hausname und Ortsbezeichnung Hausnummer–Plannummer	Restaurant	Bauernhof	Besitzer oder Pächter	Telefon-Number	Einzel-Zi.	Betten gesamt	nur Zi./Frühst.	Halbpensions- preise pro Person und Tag von–bis **SOMMER**	Halbpensions- preise pro Person und Tag von–bis **WINTER**	Zi./Bad o. Du	Etagend. o. Bad	Zimmer/Du/WC	Zi./Bad/WC	Zimmertelefon	TV-Anschluß	Balkon	Aufenthaltsraum	Terrasse	Liegewiese	Komfort
		1	2								3	4	5	6	7	8	9	10	11	12	

HOTELS UND GASTHÖFE

Planquadrat	Hausname und Ortsbezeichnung	Restaurant	Bauernhof	Besitzer oder Pächter	Telefon-Number	Einzel-Zi.	Betten gesamt	nur Zi./Frühst.	SOMMER	WINTER	Zi./Bad o. Du	Etagend. o. Bad	Zimmer/Du/WC	Zi./Bad/WC	Zimmertelefon	TV-Anschluß	Balkon	Aufenthaltsraum	Terrasse	Liegewiese	Komfort
C2	Alpenblick, Rohrmoos 74	●		Thaler Marianne	61243 (priv.61469)		14		200–220	220–240	●	●				●	●	●	●		16, 18, 22, 34
B2	Austria, Rohrmoos 133	●		Hutegger Franz	61444	1	26		280–310	320–350			●	●		●	●	●	●		16, 18, 19, 20, 22
C5	Barnhofer, Obertal 32	●	●	Trinker Hanni	61170		12	●	130	140	●					●	●	●	●		16, 18, Fischen
D1	Bazala, Rohrmoos 164			Bazala Ernst	61164		46		450–540	490–590		●		●	●	●	●	●	●	●	16, 18, 19, 22, 23, 24, 29, 30, 31
A2	Berghof, Rohrmoos 30	●		Hutegger Elsa	61396		32		280–300	320–340		●	●			●	●	●	●		14, 16, 18, 19, 20, 34
C2	Bergkristall, Rohrmoos 150			Reiter Roman	61350	1	32		310–330	370–450	●	●	●	●	●		●	●	●	●	13, 14, 16, 17, 18, 19, 20, 22, 23, 24, 25, 31
C2	Burgfellnerhof, Rohrmoos 16	●	●	Fischbacher Wilhelm	61485		55		280–300	320–340	●	●				●	●	●	●	●	16, 17, 18, 19, 20, 22, 23, 24, 34
C2	Café Otti, Rohrmoos 185	●		Pariente Ottilie	61334		6	●	150	180		●				●	●	●	●		16, 18, 19
C2	Café Perner, Rohrmoos 37	●		Perner Willi, Erna	61261	1	19	●	135–165	140–190	●	●				●	●	●	●		16, 18
C2	Flechlhof, Rohrmoos 128	●	●	Lettner Franz	61494	2	36		344–380	420–520		●	●	●		●	●	●	●	●	14, 16, 18, 19, 20, 21, 22, 23, 24, 25, 28, 30, Reiten

1. Wieviel kostet ein Zimmer im Café Otti im Sommer, und wieviel kostet es im Winter?

   Im Sommer _____ Schilling, und im Winter _____ Schilling.

2. Welches Hotel ist billiger als das Café Otti?

   _____

   _____

3. Welche zwei Hotels haben kein Restaurant?

   _____

   _____

4. Wie viele Einzelzimmer hat das Hotel Flechlhof?

   _____

5. Wie viele Hotels haben kein Zimmertelefon?

   _____

6. Welches Hotel hat mehr Betten, das Hotel Austria oder das Hotel Bärnhofer?

   _____

7. Welches Hotel hat weniger Betten als das Hotel Bärnhofer?

   _____

   _____

8. Wann sind die Hotelzimmer teurer, im Sommer oder im Winter?

   _____

9. Wie viele Hotels haben eine Sauna?

   _____

10. Welche zwei Hotels haben ein Kinderspielzimmer?

    _____

11. Welche zwei Hotels haben eine Bar?

    _____

    _____

4-9 Der Superlativ. Supply the appropriate adjectives and adverbs in the superlative.

_____

billig / heiß / gern / kalt / grün

_____

1. Welche Rockgruppe magst du am _____?

2. Kauf bitte nicht wieder den _____ Wein!

3. In Müllers Garten ist das Gras am _____.

4. In Deutschland ist der Juli der _____ Monat, und im Januar ist es am

   _____.

_____

teuer / jung / viel / elegant / wenig

_____

5. Das ist mein _____ und _____ Kleid.

6. Unser _____ Sohn verdient am _____ und gibt am

   _____ aus.

_____

spät / früh / lang / gut / kurz

_____

7. Die _____ Tage sind im Juni und die _____ im Dezember.

8. Kurt steht am _____ auf und geht am _____ ins Bett.

9. Meine Mutter macht den _____ Kaffee.

_____

schnell / alt / glücklich / groß / reich

_____

10. Mein _____ Bruder ist zehn Zentimeter größer als ich. Er ist der

    _____ in der ganzen Familie.

11. Mit dem Flugzeug sind Sie am _____ in Wien.

12. Ich möchte nicht so viel Geld, denn die _____ Menschen sind nicht immer

    die _____.

4-10 Die Europäische Union. The chart below shows the area, population, population density, and capital city of each of the twelve countries in the European Community. Consult the chart as you answer the questions below. Answer questions 2 through 7 in complete sentences.

	FLÄCHE	EINWOHNERZAHL	BEVÖLKERUNGSDICHTE	HAUPTSTADT
B	$30\ 519\ km^2$	9 903 000	325 Einwohner pro km^2	Brüssel
DK	$43\ 069\ km^2$	5 124 000	119 Einwohner pro km^2	Kopenhagen
D	$356\ 945\ km^2$	78 116 000	219 Einwohner pro km^2	Berlin
F	$547\ 026\ km^2$	55 627 000	102 Einwohner pro km^2	Paris
GR	$131\ 944\ km^2$	9 966 000	76 Einwohner pro km^2	Athen
GB	$244\ 046\ km^2$	56 763 000	233 Einwohner pro km^2	London
IRL	$70\ 283\ km^2$	3 540 000	50 Einwohner pro km^2	Dublin
I	$301\ 279\ km^2$	57 331 000	190 Einwohner pro km^2	Rom
L	$2\ 586\ km^2$	372 000	144 Einwohner pro km^2	Luxemburg
NL	$41\ 548\ km^2$	14 661 000	353 Einwohner pro km^2	Amsterdam
P	$92\ 082\ km^2$	10 350 000	112 Einwohner pro km^2	Lissabon
E	$504\ 782\ km^2$	38 784 000	77 Einwohner pro km^2	Madrid

1. Was sind die zwölf EU-Länder!

___ Griechenland	___ Frankreich	___ Dänemark
___ Liechtenstein	___ Norwegen	___ Polen
___ Belgien	___ Großbritannien	___ Portugal
___ Deutschland	___ Island	___ Spanien
___ Finnland	___ Italien	___ Bulgarien
___ Luxemburg	___ Irland	___ die Niederlande

2. Welches EU-Land hat die meisten Einwohner pro Quadratkilometer, und welches hat die wenigsten?

_____

_____

3. Welches EU-Land hat die größte Fläche, und welches hat die kleinste?

_____

_____

4. Welches EU-Land hat die meisten Einwohner, und welches hat die wenigsten?

_____

_____

5. Was sind die fünf größten EU-Länder, und wie heißen ihre Hauptstädte?

_____

_____

_____

6. Welches EU-Land hat die meisten Einwohner, und welches hat die größte Fläche?

_____

_____

7. Welches EU-Land ist das kleinste, und wie heißt seine Hauptstadt?

_____

_____

4-11 Objektsätze. Use the statements or questions under a. to complete the statements or questions under b. Add the conjunctions **daß** or **ob** where appropriate.

1. a. Kennst du einen schönen Campingplatz?

   b. Claudia fragt, _ob du einen schönen Campingplatz kennst._____

2. a. Stefan geht nicht gern campen.

   b. Bernd denkt, _____

3. a. Warum geht Stefan nicht gern campen?

   b. Weißt du, _____

4. a. Kann man im Eisbach schwimmen?

   b. Peter möchte wissen, _____

5. a. Der Eisbach ist jetzt noch viel zu kalt.

    b. Claudia sagt, _____

    _____

6. a. Wo warst du am Sonntag?

    b. Warum willst du mir denn nicht sagen, _____

7. a. Geht ihr heute abend aus?

    b. Anna möchte wissen, _____

8. a. Wann holt Ralf uns ab?

    b. Weißt du, _____

9. a. Fährt Eva mit?

    b. Ich weiß nicht, _____

10. a. Eva fährt nicht mit.

    b. Ich weiß, _____

4-12 *Wissen* oder *kennen*? Supply the proper forms of **wissen** or **kennen**.

1. ❯ Ist Claudias Zimmerkollegin nett?

    ❮ Ich _____ nicht. Ich _____ sie noch nicht.

    ❯ Aber_____ du vielleicht, woher sie ist?

    ❮ Ja, das _____ ich. Sie ist Amerikanerin, und sie kommt aus Chicago.

2. ❯ _____ du Peter Ackermann?

    ❮ Nicht persönlich, aber ich _____, daß er Martins Zimmerkollege ist.

    ❯ Und Martin, _____ du Martin?

    ❮ Ja, ich _____ ihn sehr gut.

3. ❯ _____ ihr, ob Professor Seidlmeyer heute Sprechstunden hat?

    ❮ Nein, das _____ wir auch nicht. Aber warum fragst du nicht seine Sekretärin,

    sie _____ es bestimmt.

4. ❯ Wie gut _____ Sie Frau Koch, Herr Krüger?

    ❮ Nicht sehr gut. Ich _____ nicht mal, wo sie wohnt.

5. ❯ _____ du, wieviel die Konzertkarten kosten?

   ❮ Dreißig Mark. Aber du _____ doch Osman Gürlük. Durch Osman kannst du sie für fünfundzwanzig Mark bekommen.

6. ❯ Wie gut _____ ihr München?

   ❮ Gar nicht gut. Wir _____ nur, wo die Uni ist.

7. ❯ _____ Sie, was eine Postkarte nach Kanada kostet?

   ❮ Nein, das _____ ich leider auch nicht.

8. ❯ _____ du den Film *Der Himmel über Berlin*?

   ❮ Nein, aber ich _____, daß er sehr gut ist.

4-13 Kleine Gespräche. Supply the appropriate forms of **sein** and **haben** in the simple past.

1. ❯ Warum _____ du nicht auf Monikas Party?

   ❮ Ich _____ zu viel zu tun.

2. ❯ Wo _____ ihr letztes Wochenende?

   ❮ Da _____ wir in Hamburg.

   ❯ _____ ihr schönes Wetter?

   ❮ Nein, es _____ kühl und sehr regnerisch.

3. ❯ Warum _____ du gestern keine Vorlesungen?

   ❮ Unsere Professorin _____ krank.

4. ❯ Wie _____'s in Innsbruck?

   ❮ Schön, nur _____ wir nicht genug Schnee.

5. ❯ Warum _____ Sie denn letzten Winter nicht in Spanien, Frau Beck?

   ❮ Mein Mann und ich _____ beide viel zu viel Arbeit.

6. ❯ Warum _____ Heike und Beate heute morgen nicht beim Frühstück?

   ❮ Heike _____ keinen Hunger, und Beate _____ noch zu müde.

4-14 Freizeit—Ferienzeit. Complete, using appropriate modal verbs from the choices given. Write all verb forms in the simple past tense.

1. Martin _____ Claudia wieder ins Deutsche Museum schleppen.
   (mögen / wollen)

2. Aber heute _____ er das mal nicht, sondern _____ mit
   (dürfen / müssen)   (mögen / müssen)

   Claudia zuerst zum Donisl und dann in die Alte Pinakothek.

3. Die Weißwürste beim Donisl waren so gut, daß auch Martin sie _____.
                                                              (dürfen / mögen)

4. Frau Ziegler _____ dieses Jahr mal nicht campen gehen.
   (wollen / sollen)

5. Herr Ziegler _____ deshalb ein schönes Hotel suchen, und es
   (sollen / mögen)

   _____ nicht das billigste sein.
   (mögen / dürfen)

6. Nina und Robert _____ diesen Plan gar nicht, weil sie dann ihre
   (mögen / sollen)

   Freunde nicht wiedersehen _____.
                              (können / müssen)

7. Das Hotel _____ deshalb vom Campingplatz nicht weit weg sein.
   (dürfen / mögen)

8. So _____ Nina und Robert auch dieses Jahr ihre Freunde
   (können / wollen)

   wiedersehen, und Herr Ziegler war in ein paar Minuten beim See und _____
                                                                        (mögen / können)

   dort angeln gehen.

9. Günter _____ mit Monika ins Kino gehen, aber Monika
   (wollen / mögen)

   _____ Günter nicht, und sie hatte deshalb nie Zeit.
   (wollen / mögen)

10. Monika _____ Alexander viel lieber als Günter.
    (müssen / mögen)

11. Alexander _____ mit Monika segeln gehen, aber weil Monika für
    (können / wollen)

    einen Test lernen _____, _____ sie leider nicht mitfahren.
                       (müssen / können)   (müssen / können)

4-15 Beim Winterschlußverkauf. The winter sales are on and Monika is in a department store looking for a jacket. Write Monika's questions or statements that elicited the following responses of the sales clerk.

MONIKA: _Das sind mal schöne Jacken hier._

VERKÄUFERIN: Ja, diese Winterjacken sind sehr schön, und die Preise sind alle reduziert.

MONIKA: _____

VERKÄUFERIN: Die rote Jacke? Sie kostet 90 Mark.

MONIKA: _____

VERKÄUFERIN: Aber natürlich dürfen Sie sie anprobieren.—Sieht gut aus, nicht?

MONIKA: _____

VERKÄUFERIN: Gut. Das macht dann 90 Mark. Übrigens, wir haben auch sehr schöne Pullover, alle zum halben Preis. Möchten Sie sie sehen?

MONIKA: _____

VERKÄUFERIN: Ja, das kenne ich. Meine Tochter ist auch Studentin, und sie hat auch nie genug Geld.

4-16 Synonyme. Find the synonyms for the words and expressions in the chart below and write them in the appropriate spaces.

der Vormittag	schwimmen	das Auto
täglich	mögen	anrufen
bestimmt	phantastisch	anfangen
ich heiße	das Baby	machen
Tschüs!	die Menschen	Grüß dich!
wohnen	Wie spät ist es?	ein bißchen

telefonieren	_____	ein wenig	_____
leben	_____	der Morgen	_____
baden	_____	das Kleinkind	_____
die Leute	_____	gern haben	_____
beginnen	_____	mein Name ist	_____
Tag!	_____	Wieviel Uhr ist es?	_____
Wiedersehen!	_____	jeden Tag	_____
der Wagen	_____	toll	_____
sicher	_____	tun	_____

4-17 Wir fliegen nach Europa. Look at the ad from the *Deutsche Presse,* a German language weekly from Toronto. Mark the correct responses to the questions below.

NEUE VOKABELN

der Sonderflug, ̈e	*special flight*
die Ermäßigung	*reduction*
das Mietauto, -s	*rental car*
unbegrenzt	*unlimited*

Europa Sonderflüge von Toronto

nach:	Min.	Max.	
AMSTERDAM	499.-	699.-	Apr.3 - Okt.16
KOPENHAGEN	779.-	839.-	Mai.11 - Jun.14
DÜSSELDORF	499.-	798.-	Apr.5 - Okt.18
FRANKFURT	548.-	798.-	Apr.2 - Okt.16
HANNOVER	598.-	848.-	Mai 1 - Okt.16
LONDON/GATWICK	499.-	699.-	Mai 5 - Dez. 6
MÜNCHEN	598.-	848.-	Mai 5 - Okt.16
MAILAND	749.-	749.-	Mai 4 - Okt.19
MALAGA	649.-	899.-	Mai 4 - Okt.19
PARIS	509.-	679.-	Jun.8 - Sep.28
ROM/VENEDIG	769.-	1199.-	Mai 4 - Okt.19
STOCKHOLM	859.-	939.-	Mai 11 - Jun.14

Sonderflüge nach Toronto

von DÜSSELDORF		Apr.5 - Okt.18
FRANKFURT	DM 968.- DM 1458.-	Apr.1 - Okt.16
HANNOVER		Mai 1 - Okt.16
MÜNCHEN		Mai 5 - Okt.18

Das Ab- und Rückflugsdatum bestimmt den genauen Preis
Änderungen sind vorbehalten (Züsatzlich Flughafensteuer)
Fragen Sie nach Kinder- & Seniorenermässigung

MIETAUTOS ab **$ 121.00** *(pro Woche / Unbegrenzte Kilometer)*

EURAIL PASS	ab **$ 288.00** (15 Tage)
JUGENDPASS	ab **$ 456.00** (1 Monat)
GERMAN RAIL PASS	**$ 78.00** (4 Tage Junior)

---

1. Was ist billiger, der Flug nach Frankfurt oder der Flug nach Düsseldorf?

   ___ der Flug nach Frankfurt
   ___ der Flug nach Düsseldorf

2. Was kostet ein Flug von Toronto nach München in der Hochsaison?

   ___ $ 598.   ___ $ 848.

3. Wieviel kostet ein Flug von Hannover nach Toronto in der Hochsaison?

   ___ DM 1458,-   ___ DM 968,-

4. Wer bekommt Ermäßigung?

   ___ Kinder   ___ Studenten   ___ Senioren

5. Sie sind zwei Wochen in Europa und brauchen ein billiges Mietauto. Wieviel kostet das?

   ___ $ 121.   ___ $ 242.

6. Frau Jones hat ein Mietauto für eine Woche, und Frau Smith hat auch ein Mietauto für eine Woche. Frau Jones fährt tausend Kilometer, und Frau Smith fährt zweitausend Kilometer.

   Wieviel kostet Frau Jones' Mietauto?

   ___ $ 242.   ___ $ 121.

   Wieviel kostet Frau Smiths Mietauto?

   ___ $ 242.   ___ $ 121.

Kapitel 5

5-1 Daten. Supply ordinal and cardinal numbers and endings. Write all numbers as words.

1. ❯ Wenn heute d_er_ vier _te_ ist, d_en_ wieviel _ten_ hatten wir dann gestern?

   ❮ Dann hatten wir gestern d_en_ _fünften_.

2. ❯ Wenn wir morgen d_er_ zwanzig_sten_ haben, d_er_ wieviel _te_ ist dann heute?

   ❮ Dann ist heute d_er_ _neunzehnte_.

3. ❯ Heute ist d_er_ zehn _te_. D_en_ wieviel_ten_ haben wir dann in einer Woche?

   ❮ Da haben wir dann d_en_ _siebzehnte_.

4. ❯ Heute haben wir d_en_ neunundzwanzig_sten_. D_er_ wieviel _te_ war dann vorgestern?

   ❮ Dann war vorgestern d_er_ _siebenundzwanzigste_.

5. ❯ Wenn heute d_er_ vierzehn _te_ ist, d_er_ wieviel _te_ ist dann übermorgen?

   ❮ Dann ist übermorgen d_er_ _sechzehnt_.

6. ❯ Ralf ist am erst_____ zwölf_____ neunzehnhundertfünfundsiebzig geboren. Seine Schwester Petra ist genau ein Jahr und einen Tag älter als er. Wann ist Petra geboren?

   ❮ Am _____ _____ neunzehnhundertvierundsiebzig.

7. ❯ Christa ist am einunddreißig_____ fünf_____ neunzehnhundertvierundsiebzig geboren. Ihr Bruder Markus ist genau ein Jahr und einen Tag jünger als sie. Wann ist Markus geboren?

   ❮ Am _____ _____ neunzehnhundertfünfundsiebzig.

8. ❯ Wie oft hat man Geburtstag, wenn man am neunundzwanzig____ zwei____ geboren ist?

   ❮ Eigentlich nur jedes _____ Jahr.

9. ❯ Wann ist denn der Valentinstag?

   ❮ Am _____ _Februar_.

5-2 Sylvias freier Tag. From the list below, supply appropriate verbs in the perfect tense.

telefonieren / reparieren / regnen / füttern
kochen / lernen / hören / spielen / machen

Gestern hatte Sylvia einen freien Tag. Und wie war das Wetter? Richtig, es _____ den ganzen

Tag _____. (An Sylvias freien Tagen regnet es immer!) Sylvia hatte eigentlich zu

nichts Lust, und sie _____ deshalb im Bett noch eine Stunde lang Radio

_____. Um zehn _____ Sylvia dann endlich Kaffee und ein Ei

_____. Dann _____ sie ihre Katze_____, ihr Bett

_____, und fast eine Stunde lang mit ihrer Kusine Kathrin _____.

Nachmittags _____ Sylvia ihr Fahrrad _____ und dann stundenlang Solitaire

_____.

Heute morgen hatte Sylvia in ihrer Englischklasse ein Vokabelquiz, und sie denkt, daß sie eine

schlechte Zensur bekommt, denn ihre englischen Vokabeln _____ sie gestern leider nicht

_____.

5-3 Was fehlt hier? Supply the missing verb forms.

INFINITIVE	PRESENT TENSE	PAST PARTICIPLE
finden	er _findet_	_hat gefunden_
singen	er _singet_	hat gesungen
schlafen	er schläft	_hat geschlafen_
sehen	er _geht_	ist gegangen
bleiben	er _____	_ist geblieben_
_____	die Sonne scheint	_____
liegen	er _____	_gelegen_
_____	er sieht	_____
fahren	er _____	_____
waschen	er _____	hat gewaschen
nehmen	er _____	_hat genommen_
_____	er steht	_____
lesen	er _____	hat gelesen
essen	er _____	hat gegessen
kommen	er _kommt_	_ist gekommen_
sitzen	er _____	hat gesessen
sprechen	er _____	_hat gesprochen_

5-4 Ralfs freier Tag. From the list below, supply appropriate verbs in the perfect tense. Note that some verbs are to be used more than once.

---

trinken / schreiben / nehmen / sprechen / scheinen / waschen
liegen / essen / sehen / backen / schlafen / kommen / gehen

Gestern hatte Ralf einen freien Tag. Und wie war das Wetter? Richtig, die Sonne _____ hat *schein*

_____. (Für Ralf scheint immer die Sonne!) Ralf _____ nur bis sieben

_____, denn an freien Tagen hat er immer viel vor. Er _____ ein Bad

_____, und zum Frühstück _____ er Müsli _____ und

Orangensaft _____ *trinken*. Weil Ralf gern Kuchen ißt und gern bäckt, _____ er dann

einen Apfelkuchen _____. Um zehn _____ Ralf zum Waschsalon

_____ und _____ dort seine Wäsche _____. Um zwölf _____ er

wieder nach Hause _____, _____ Kaffee _____, ein Stück Apfelkuchen

_____ und im Fernsehen einen interessanten Dokumentarfilm _____.

Am Nachmittag _____ Ralf für Professor Hagen ein Referat über die politische Situation in

Osteuropa _____. Dann _____ er noch lange mit Nicole am Telefon

_____, und um 23 Uhr _____ Ralf wieder im Bett _____ und süß

_____.

5-5 Ein Gespräch um drei Uhr morgens. Lutz and Frank tell Bernd about the party he had to miss. Use the components given to write this story in the perfect tense, but remember to use the simple past for the verbs **haben**, **sein** and **müssen**.

1. gestern abend / fahren / Lutz und Frank / mit Bernds Wagen auf eine Party

   _____Gestern abend sind Lutz und Frank mit Bernds Wagen auf eine Party gefahren._____

2. Bernd / sein / krank / und / bleiben / deshalb / zu Hause

   _____

   _____

3. Lutz und Frank / kommen / nach Hause / erst morgens um drei

   _____

   _____

4. Bernd / fragen / die beiden / dann viel

   _____

5. Bernd: was / ihr / machen / denn so lange / ?

   _____

6. Lutz: zuerst / tanzen / wir / bis halb zwei

   _____

7. Frank: Dann / fahren / wir / noch zu Nicole

_____

8. Bernd: Zu Nicole? / warum / gehen / Nicole / denn nicht auf die Party / ?

_____

_____

9. Lutz: sie / haben / keine Lust / und / sie / müssen / schreiben / Briefe

_____

_____

10. Bernd: kochen / Nicole / für euch / Kaffee / ?

_____

11. Frank: Nein / wir / trinken / Cola / und / Pizza / essen

_____

_____

5-6 Gute Vorsätze. Claudia always has good intentions. Last Tuesday she made a list of all the things she was planning to do the following day. On Wednesday evening she looked at her list again and checked off what she actually accomplished. Look at Claudia's list and in complete sentences write what Claudia did and did not do.

	1.	Punkt halb sieben aufstehen
x	2.	den Brief an meine Mutter fertigschreiben
x	3.	um zehn Monika im Krankenhaus besuchen
	4.	die Kassette für meinen Englischkurs anhören
	5.	Stephanies Referat durchlesen
x	6.	Chips und Käse für Martins Party einkaufen
x	7.	in die Bibliothek gehen und die Bücher zurückgeben
x	8.	Sabine anrufen und sie zu Martins Party einladen
	9.	die Miete bezahlen
x	10.	zum Schuhmacher gehen und meine Wanderschuhe abholen
x	11.	mit Martin meinen neuen Tennisschläger ausprobieren
	12.	mein altes Fahrrad verkaufen

1. Claudia _ist nicht Punkt halb sieben aufgestanden._

2. Den Brief _an ihre Mutter hat sie fertiggeschrieben._

3. Um zehn _____

4. Die Kassette _____

_____

5. Stephanies _____

6. Die Chips und den Käse _____

7. Sie _____

_____

8. Sie _____

_____

9. Die Miete _____

10. Sie _____

_____

11. Sie _____

_____

12. Ihr _____

5-7 Was paßt? Complete the responses with the perfect tense of the appropriate verb. Note that some verbs are used twice.

bringen / denken / kennen / nennen / rennen / wissen

1. ❭ Wo ist Claudia?

   ❬ Sie _____ noch schnell in die Bibliothek _____.

2. ❭ Wie heißt euer neues Baby?

   ❬ Wir _____ sie Maria _____.

3. ❭ Woher sind diese schönen Blumen?

   ❬ Sebastian _____ sie für dich _____.

4. ❭ Was hast du gesagt?

   ❬ Nichts, ich _____ nur laut _____.

5. ❭ Warum hast du Jennifer nicht besucht?

   ❬ Ich _____ ihre Adresse nicht _____.

6. ❭ Leben deine Großeltern noch?

   ❬ Nur die beiden Großmütter. Meine Großväter _____ ich nie _____.

7. ❭ Wo sind denn meine Koffer?

   ❬ Stefan _____ sie schon in dein Zimmer _____.

8. ❭ Warum sprichst du denn nicht mehr mit Michael?

   ❬ Er _____ mich einen Esel _____.

5-8 Historische Daten. Using the perfect tense, write the historical data below as complete sentences.

NEUE VOKABELN

Reichskanzler	*German Chancellor*	**berühmt**	*famous*
Eisenbahnlinien	*railway lines*	**wird...stehen**	*will be standing*
in...Flügen	*in...flights*	**Grenzen**	*borders*
Güter	*supplies*		

1933	Hitler wird Reichskanzler.
1939	Hitlers Armee marschiert in Polen ein, und der zweite Weltkrieg beginnt.
1945	Nazi-Deutschland kapituliert.
1948	Die Sowjets blockieren alle Straßen, Eisenbahnlinien und Wasserwege nach Westberlin.
1948-49	Die westlichen Alliierten bringen in 213 000 Flügen 1,7 Millionen Tonnen Güter nach Berlin.
1949	Aus Deutschland werden zwei Staaten: die Bundesrepublik Deutschland und die Deutsche Demokratische Republik.
1953	Die ostdeutschen Arbeiter rebellieren gegen den kommunistischen Staat.
1961	Die DDR baut die Berliner Mauer.
1963	J.F. Kennedy sagt in Berlin die berühmten Worte: »Ich bin ein Berliner.«
1989	Erich Honecker, der Staats- und Parteichef der DDR, proklamiert: »Die Mauer wird noch in hundert Jahren stehen.«
1989	Ungarn öffnet seine Grenzen, und die ersten 15 000 Ostdeutschen fliehen in die BRD.
1989	Die DDR öffnet die Berliner Mauer.
1990	Ost- und Westdeutschland werden wieder ein Land.

1933   *ist Hitler Reichskanzler geworden.* _____

1939   _____

1945   _____

1948   _____

_____

1948 bis 1949   _____

_____

_____

1949 _____

_____

_____

1953 _____

_____

1961 _____

1963 _____

_____

1989 _____

_____

1989 _____

_____

_____

1989 _____

_____

1990 _____

5-9 Ein freier Tag. Supply **hin** or **her**.

Gestern früh um sieben hat Holger mich angerufen. »Heute wird das Wetter echt toll,« hat er

gesagt. »Warum kommst du nicht _____über? Dann fahren wir zusammen zu Anja _____über.

Vielleicht fährt sie mit uns zum Starnberger See _____aus.« »Gute Idee!« habe ich gesagt, bin

schnell aufgestanden und zu Holger _____übergerannt.

Vor Anjas Haus hat Holger _____aufgerufen: »Anja! Anja!« Anja hat das Fenster aufgemacht und

gerufen: »Kommt doch _____auf, ihr zwei! Ich mache euch schnell eine Tasse Kaffee.« Weil wir

aber so schnell wie möglich zum See _____aus wollten, sind wir nicht _____aufgegangen und

haben gerufen: »Komm lieber _____unter, Anja, und fahr mit uns zum Starnberger See

_____aus.«

Am Starnberger See hat die Sonne schon sehr warm geschienen, aber das Wasser war noch kalt,

und Holger und ich wollten nicht _____ein. Anja ist aber sofort _____eingesprungen und hat

gerufen: »Kommt doch _____ein, ihr zwei! Es ist gar nicht so kalt, wie ihr denkt.« Dann ist sie

weit in den See _____ausgeschwommen.

5-10 Ein Brief aus Berlin. Complete Stephanie's letter to Claudia, using the appropriate verbs from the lists.

_____
erzählen / gehen / einschlafen / ankommen / machen / sitzen
_____

Berlin, den 1. Mai 1995

Liebe Claudia,

vorgestern nacht um halb zwölf _____ wir hier bei Peters

Eltern _____. Peters Mutter _____ uns

schnell etwas zu essen _____, und dann

_____ wir noch lange im Wohnzimmer _____

und _____. Um drei Uhr nachts _____ wir

endlich ins Bett _____, und ich _____ sofort

_____.

_____
laufen / fotografieren / erklären / essen / aufstehen
_____

Gestern morgen _____ wir erst sehr spät

_____ und _____ ein tolles Frühstück

_____. Dann _____ wir stundenlang durch

Berlin _____. Peter _____ viel

_____, und ich _____ auch viel

_____.

_____
aufbleiben / einladen / ausfragen / besuchen / arbeiten / kennen
_____

Für den Abend _____ Peter dann ein paar gute Freunde

_____. Seinen Freund Omar _____ ich

schon _____, weil er uns in München mal

_____ _____. Wir _____ wieder bis spät in

die Nacht _____, und Peters Freunde _____

mich über Amerika _____.

Heute nachmittag fahren wir nach Potsdam. Peter sagt, das
Schloß dort ist ganz toll (ich glaube, es heißt Sanssouci).
Nächste Woche sind wir dann wieder zurück in München.
Hoffentlich _____ du nicht die ganze Zeit nur

_____.

    Viele liebe Grüße

    Stephanie

Kapitel 6

6-1 Subjekt, indirektes Objekt oder direktes Objekt? In each sentence of this story, find all the subjects, indirect objects, and direct objects and write them under the appropriate headings in the table below.

1. Tina war letztes Jahr als Au-pair-Mädchen in Österreich.
2. Sie hat dort viel gesehen, viele Fotos gemacht, und sie hat auch viel Deutsch gelernt.
3. Ihrer Familie und ihren Freunden hat sie viele interessante Briefe geschrieben.
4. Aber alles nimmt ein Ende, und vorgestern ist Tina wieder nach Hause geflogen.
5. Gestern hatten Tinas Freunde eine große Party für sie.
6. Tina hat den Freunden ihre Fotos gezeigt, und sie hat auch jedem ein kleines Geschenk mitgebracht.

	SUBJEKTE	INDIREKTE OBJEKTE	DIREKTE OBJEKTE
1			
2			
3			
4			
5			
6			

6-2 Indirektes Objekt und direktes Objekt. Complete the sentences appropriately, using the nouns that precede each section as indirect or direct objects.

---

sein Kind, eine Tafel Schokolade / die Studenten, der Dativ / ihre Eltern, ein Kuchen

1. Die Professorin erklärt _____ den Studenten den Dativ. _____

2. Helga bäckt _____

3. Der Vater kauft _____

---

ihr Freund, ein Pullover / der Hund, die Wurst / seine Freunde, eine Runde Bier

4. Warum hast du denn _____ nicht gegeben?

5. Thomas bezahlt _____

6. Eva hat _____ gekauft.

64

_____
die Studentin, das Zimmer / ihre Tochter, ein Kleid / meine Eltern, ein Brief
_____

7. Hat Frau Koch _____ vermietet?

8. Gestern abend habe ich _____ geschrieben.

9. Frau Müller näht _____

_____
ihr Sohn, ein Paket (n) / die Kinder, ein Märchen (n) / seine Frau, das Abendessen
_____

10. Der Großvater erzählt _____

11. Frau Berger schickt _____

12. Herr Berger macht _____

_____
deine Mutter, eine Tasse Kaffee / seine Schwester, hundert Mark / ihre Nichte, ein Fußball
_____

13. Frau Pohl hat _____ geschenkt.

14. Kurt hat _____ geliehen.

15. Bring _____ doch bitte _____, Helga!

_____
unsere Professorin, eine Postkarte / ihre Eltern, tausend Mark /
seine Freundin, rote Rosen
_____

16. Maria schuldet _____

17. Sollen wir _____ schreiben?

18. Peter hat _____ gebracht.

Dem Kind
alles Gute, viel Glück
und Gesundheit

6-3 *Wer, wen, wem* **oder** *was?* Supply the proper interrogative pronoun for each question. Then answer the questions appropriately, using the choices given.

Dein Vater / Meiner Mutter / Meinen Freund

---

1. ❯ ___Wer___ hat denn vorher angerufen?

   ❮ ___Dein Vater_____.

2. ❯ _____ schreibst du denn den langen Brief?

   ❮ _____.

3. ❯ _____ hast du vorher angerufen?

   ❮ _____.

Ihr Freund Kurt / Meiner Freundin / Rote Rosen

---

4. ❯ _____ für Blumen kaufst du denn?

   ❮ _____.

5. ❯ _____ schickst du diese Rosen?

   ❮ _____.

6. ❯ _____ hat denn unserer Tochter rote Rosen geschickt?

   ❮ _____.

6-4 Ergänzen Sie! Note that some pronouns are used more than once.

---

ich / du / mich / mir / dich / dir / es

---

1. JENS: Kannst ___du___ ___mir___ hundert Mark leihen, Kurt?

   KURT: Ja, aber zuerst muß _____ auf die Bank. Heute nachmittag kann _____ _____ das Geld dann geben.

2. LUTZ: Wann soll _____ _____ abholen, Nina? Um halb sieben?

   NINA: Erst um halb sieben?! Nein, _____ glaube, _____ ist besser, _____ holst _____ eine halbe Stunde früher ab.

_____
Sie / ich / Ihnen / mir / ihr
_____

3. HERR MERCK: Soll _____ _____ eine Tasse Kaffee bringen, Frau Kuhn?

   FRAU KUHN: Ja, Herr Merck, und bringen _____ _____ doch bitte auch ein Stück
   Kuchen mit.

4. FRAU LANG: Herr Merck! Hat Frau Kuhn _____ gesagt, daß _____ _____
   eine Tasse Kaffee bringen sollen?

   HERR MERCK: Ja, und _____ soll _____ auch ein Stück Kuchen mitbringen.

_____
du / ich / dich / uns / euch
_____

5. MUTTI: Soll _____ _____ ein Märchen erzählen, Kinder?

   FLORIAN: Ja, Mutti, erzähl _____ doch das Märchen von Hänsel und Gretel.

6. MIEKE: Kannst _____ _____ drei heute abend nach Hause fahren, Frank?

   FRANK: Wen? _____, Markus und Petra?

   MIEKE: Ja, _____ drei.

   FRANK: Ja natürlich, _____ nehme _____ gern mit.

_____
wir / ich / du / ihn / ihm / ihnen / sie
_____

7. EVA: Was soll _____ denn meinen Eltern zu Weihnachten schenken?

   ANTJE: Kauf _____ doch einen neuen Fernseher. Und deinem Bruder schenkst
   _____ ein schönes Hemd.

   EVA: Aber das habe _____ _____ doch schon zum Geburtstag geschenkt.

   ANTJE: Dann kauf _____ doch ein paar Tennisbälle.

8. DIRK: Sollen _____ auf unsere Party auch Günter und Tina einladen?

   BEATE: _____ nicht, nur _____.

6-5 Kleine Gespräche. Complete with the direct and indirect objects in proper sequence.

---

das Buch, Ihnen / mir, es
_____

1. ❯ Hat Peter _____ zurückgegeben, Frau Meyer?

   ❮ Nein, aber er hat gesagt, er bringt _____ heute nachmittag.

Michael, ein Buch / eine CD, ihm
_____

2. ❯ Ich schenke _____.

   ❮ Und ich kaufe _____.

---

ein Motorrad, ihrem Sohn / ihm, einen Wagen
_____

3. ❯ Letztes Jahr haben Bergers _____ gekauft.

   ❮ Ja, und dieses Jahr wollen sie _____ kaufen.

---

zwanzig Mark, mir / mir, sie
_____

4. ❯ Kannst du _____ leihen, Monika?

   ❮ Ja, aber du mußt _____ morgen früh wieder zurückgeben.

---

dir, den schönen Pullover / mir, ihn
_____

5. ❯ Wer hat _____ geschenkt?

   ❮ Meine Mutter hat _____ gekauft.

6-6 Was paßt zusammen? Match the questions and responses by writing the appropriate numbers in the spaces provided.

1. Wem gehört dieses Buch? 　　　　　 ___ Ja, das ist mein Buch.
2. Gehört dieses Buch dir? 　　　　　 ___ Mir.
3. Wann hilfst du mir bei 　　　　　 ___ Ja, aber erst heute abend.
   meinem Referat?
4. Hilfst du mir bei 　　　　　 ___ Heute abend.
   meinem Referat?
5. Wie kann ich Ihnen danken, 　　　　　 ___ Du hast mich doch gar nichts
   Frau Blum? 　　　　　　　　　　　 gefragt.
6. Kurt hat uns für die 500 Mark 　　　 ___ Warum schreibst du ihr dann noch?
   nie gedankt.
7. Warum antwortest du mir nicht? 　　 ___ Vielleicht hat er sie gar nicht bekommen.
8. Sabine antwortet mir nie. 　　　　　 ___ Aber da gibt's doch nichts zu danken,
   　　　　　　　　　　　　　　　　 Frau Horb!

6-7 Fragen und Antworten. In each set, choose the correct responses to the questions and write them in the spaces provided. Complete the responses with the appropriate personal pronoun in the dative case.

es tut ___ leid	jetzt geht es ___ wieder besser
sie war ___ zu teuer	es war ___ zu kalt

1. ❯ Warum hat Nicole die Jacke nicht gekauft?

   ❮ ___Sie war ihr zu teuer._____

2. ❯ Ist dein Großvater immer noch so krank, Renate?

   ❮ Nein, _____

3. ❯ Warum habt ihr denn gestern nachmittag nicht Tennis gespielt?

   ❮ _____

4. ❯ Kannst du mir wirklich nicht helfen, Anita?

   ❮ Nein, Günter, wirklich nicht. _____

fällt ___ im Moment nicht ein	es steht ___ sehr gut
das ist ___ egal	es ist ___ zu weit

5. ❯ Mir gefällt Barbaras neues Kleid gar nicht.

   ❮ Und ich finde, _____

6. ❯ Kennst du den Mann dort, Sabine?

   ❮ Ja, aber sein Name _____

7. ❯ Warum fahren deine Verwandten dich nicht nach Frankfurt?

   ❮ Ich glaube, _____

8. ❯ Es tut mir leid, Julia, aber dein neuer Freund gefällt mir gar nicht.

   ❮ _____. Mir gefällt er.

6-8 Ein paar Fragen und viele Antworten. Supply the appropriate forms of the personal pronoun in the various responses to the following questions.

1. ❯ Toller Pulli, nicht?

   ❮ Ja, ___er___ steht dir.

   ❮ Ja, _____ gefällt mir.

   ❮ Ja, ich kaufe _____ dir.

2. ❯ Warum rufst du Sebastian an?

   ❮ Ich soll _____ doch bei seinem Referat helfen.

   ❮ _____ weiß vielleicht, wann das Konzert beginnt.

   ❮ Vielleicht können wir durch _____ noch Karten bekommen.

   ❮ _____ kann uns vielleicht heute abend abholen.

3. ❯ Warum ist Stefan denn nicht hier?

   ❮ Wir haben _____ nicht eingeladen.

   ❮ Es geht _____ heute gar nicht gut.

   ❮ _____ hat heute keine Zeit.

4. ❯ Kennst du Tobias Bauer?

   ❮ Tobias Bauer? Ja, ich kenne _____ sehr gut.

   ❮ Ja, wir hatten unsere Weihnachtsparty bei _____.

   ❮ Ja, ich bin doch mit _____ in die Schule gegangen.

   ❮ Ja, _____ hat letztes Jahr hier im Studentenheim gewohnt.

6-9 *Aus, außer, bei* oder *mit?* Complete with the appropriate prepositions and endings.

1. ❯ Was hast du zu trinken?

   ❮ _____ dies___ Rotwein habe ich leider nichts.

2. ❯ _____ w___ gehst du heute abend ins Konzert?

   ❮ _____ mein___ Schwester.

3. ❯ Woher ist diese tolle Schokolade?

   ❮ _____ d___ Schweiz.

4. ❯ _____ w___ hat Stefan in Hamburg gewohnt?

   ❮ _____ sein___ Tante.

5. ❯ Seid ihr _____ d___ Zug nach Berlin gefahren?

   ❮ Nein, _____ d___ Wagen.

6. ❯ Woher ist Stephanie?

   ❮ Sie kommt _____ d___ USA (pl).

7. ❯ Arbeitet dein Vater _____ d___ Post (f)?

   ❮ Nein, _____ d___ Bank (f).

8. ❯ Wo war die Party gestern abend? _____ dir, Tina?

   ❮ Ja, und _____ dir waren alle meine Freunde da.

9. ❯ Hast du _____ d___ Direktorin gesprochen?

   ❮ Nein, nur _____ ihr___ Sekretärin.

10. ❯ Woher hast du die fünfzig Mark, Gerd?

   ❮ _____ dein___ Geldtasche.

11. ❯ Ist Potsdam _____ Hamburg?

   ❮ Nein, _____ Berlin.

12. ❯ Was gibt's _____ dir zu essen, Beate?

   ❮ _____ Käse und ein bißchen Wurst habe ich leider gar nichts.

6-10 *Nach, seit, von* **oder** *zu.* Complete with the appropriate prepositions and endings.

1. ❯ _____ w___ ist der Brief?

   ❮ _____ mein___ Eltern.

2. ❯ Wann gehst du _____ Hause?

   ❮ Gleich _____ mein___ letzten Vorlesung.

3. ❯ _____ wann bist du so krank?

   ❮ _____ d___ Abendessen bei Kathrin!

4. ❯ Bist du morgen früh _____ Hause?

   ❮ Nur bis neun. Ich gehe gleich _____ d___ Frühstück _____ mein___ Freundin.

5. ❯ Was machen wir _____ d___ Prüfung?

   ❮ Wir kommen alle _____ dir und trinken ein Glas Bier.

6. ❯ _____ w___ hast du diese CD?

   ❮ _____ ein___ guten Freund _____ mir.

7. ❯ Besucht Ihre Tochter sie oft, Frau Bühler?

   ❮ Nein, _____ Weihnachten war sie nicht mehr _____ Hause.

8. ❯ Wann fahrt ihr _____ Starnberg?

   ❮ Gleich _____ d___ Mittagessen.

9. ❯ Haben Sie den BMW schon lange, Frau Strohmann?

   ❮ Nein, erst _____ ein___ halben Jahr.

10. ❯ Was hast du _____ dein___ einundzwanzigsten Geburtstag alles bekommen?

    ❮ _____ mein___ Eltern habe ich einen Farbfernseher bekommen und _____ mein___ Bruder einen CD-Spieler.

11. ❯ _____ wann sind Bettina und Gerd so gute Freunde?

    ❮ _____ d___ Party bei Sylvia.

12. ❯ Was möchtest du _____ mir _____ Weihnachten?

    ❮ _____ dir möchte ich ein schönes Sweatshirt.

6-11 Reisepläne. Complete the conversation by writing the questions and responses in the proper sequence. Where necessary, supply appropriate prepositions.

Nein, ich fliege _____ Düsseldorf.

Wie lange bleibst du _____ deinen Großeltern?

Landest du in Frankfurt?

Morgen fliege ich _____ meinen Großeltern nach Deutschland.

Zwei Wochen. Dann fahre ich _____ Österreich.

Wo leben deine Großeltern?

Und wie kommst du _____ Düsseldorf _____ Lehrte?

Warum _____ Österreich?

Ich fahre _____ dem Zug.

In Lehrte _____ Hannover.

Mein Großvater ist _____ Österreich, und ich habe dort viele Verwandte.

❯   Morgen fliege ich _____

❮   Wo leben deine Großeltern? _____

❯   _____

❮   _____

❯   _____

❮   _____

❯   _____

❮   _____

❯   _____

❮   _____

❯   _____

_____

6-12 *Wo? Wohin? Woher?* Write questions that begin with **wo**, **wohin** or **woher**. Begin each response with one of the following contractions: **beim**, **vom**, **zum**, **zur**.

1. gehen / du   Zahnarzt

   ❯ _____   ❮ _____

2. kommen / du   Zahnarzt

   ❯ _____   ❮ _____

3. sein / Silke   Zahnarzt

   ❯ _____   ❮ _____

4. haben / du / dieses gute Brot   Bäcker Müller

   ❯ _____   ❮ _____

5. fahren / der Bus   Flughafen (m)

   ❯ _____   ❮ _____

6. kommen / der Bus   Flughafen

   ❯ _____   ❮ _____

7. rennen / du   Bus

   ❯ _____   ❮ _____

8. sein / das Hotel Merkur   Bahnhof

   ❯ _____   ❮ _____

9. fahren / ihr   Hotel Merkur

   ❯ _____   ❮ _____

10. gehen / du   Uni

    ❯ _____   ❮ _____

11. sein / Martin und Claudia   Mittagessen

    ❯ _____   ❮ _____

12. kommen / ihr   Schwimmen (n)

    ❯ _____   ❮ _____

6-13 **Mein bester Freund.** Supply adjective endings.

> Von wem hast du den toll___ Pulli?

< Von meinem best___ Freund.

> Wie heißt dein best___ Freund?

< Er heißt Omar. Wir kennen einander seit viel___ Jahren.

> Ist er Deutsch___? Omar ist kein deutsch___ Name (m).

< Ja, er ist Deutsch___. Sein Vater ist aus der Türkei, aber er ist mit einer Deutsch___

verheiratet, und er und seine Kinder sind jetzt auch Deutsch___.

6-14 **Wer ist das?** Supply adjective endings.

> Wer ist die schick___ Frau dort mit dem groß___ langhaarig___ Hund?

< Das ist unsere neu___ Nachbarin. Sie heißt Beverly Harper, ist aus den Vereinigt___

Staaten, aber sie spricht akzentfrei___ Deutsch (n). Sie ist Journalistin und schreibt

interessant___ Artikel für eine große___ amerikanisch___ Zeitung. Und bei schön___

Wetter geht sie oft mit ihrem groß___ Hund spazieren. Beverly und meine Mutter sind

sehr gut___ Freundinnen.

6-15 **Mein Geburtstag.** Supply adjective endings.

In unserer Stadt gibt es ein sehr gut___ französisch___ Restaurant (n). Dort habe ich mit meiner

ganz___ Familie und mit meinen best___ Freunden zusammen meinen einundzwanzigst___

Geburtstag gefeiert. Nur mein ältest___ Bruder konnte nicht kommen, denn er arbeitet seit

einem halb___ Jahr bei einer deutsch___ Firma (f) in South Carolina. Begonnen haben wir mit

echt___ französisch___ Champagner (m). Dann hatten wir ganz delikat___ Hors d'oeuvres (pl),

einen fein__ Salat und nach einer toll___ Hauptmahlzeit (f) noch einen wunderbar___

Nachtisch. Auch der Wein war natürlich vom best___, und es hat mir so leid getan, daß mein

Bruder zu diesem schön___ Fest nicht kommen konnte.

Kapitel 7

7-1 Kürzer gesagt. Use **zu**-infinitives to combine the two sentences into one. Omit the words in parentheses.

1. Du mußt bei diesem schönen Wetter in der Bibliothek sitzen. Nervt es dich nicht?

   <u>Nervt es dich nicht, bei diesem schönen Wetter in der Bibliothek sitzen</u>

   <u>zu müssen?</u>

2. Du gehst jeden Morgen joggen?! Macht es dir wirklich Spaß?

   _____

   _____

3. Hast du deine Koffer gepackt? Wann fängst du denn endlich an?

   _____

   _____

4. Ich habe Ferien und muß keine Referate mehr schreiben! Ich finde es toll!

   _____

   _____

5. Ruf mich heute abend an! Vergiß (es) nicht!

   _____

6. Iß (doch) bei uns zu Abend! Hast du Lust?

   _____

7. Du gehst von jetzt ab zu Fuß zur Uni?! Hast du (das) wirklich vor?

   _____

   _____

8. Gehst du heute nachmittag mit uns schwimmen? Hast du Zeit?

   _____

   _____

9. Hast du Ingrid angerufen? Hoffentlich hast du (es) nicht vergessen.

_____

_____

10. Du mußt jeden Samstag arbeiten?! Nervt es dich nicht?

_____

_____

7-2 *Um...zu, ohne...zu,* oder *statt...zu?* Using infinitive phrases introduced by **um, ohne,** or **statt,** combine each pair of sentences into one sentence. Remember to omit modal verbs and negatives in the infinitive phrases.

1. Ingrid muß sehr viel lernen. Sie will gute Zensuren bekommen.

   Ingrid muß sehr viel lernen, um gute Zensuren zu bekommen.

2. Bettina bekommt gute Zensuren. Sie lernt nicht viel.

   _____

3. Ingrid bleibt heute abend zu Hause und lernt. Sie geht nicht mit ihren Freunden in die Kneipe.

   _____

   _____

4. Cindy studiert nächstes Jahr in Österreich. Sie möchte endlich mal richtig Deutsch lernen.

   _____

   _____

5. Peter hat Monikas Wagen genommen. Er hat sie nicht gefragt.

   _____

   _____

6. Ich gehe jetzt zum Supermarkt. Ich muß mir etwas zu essen kaufen.

   _____

   _____

7. Ich gehe jetzt ins Bett. Ich sitze nicht wieder die halbe Nacht vor dem Fernseher.

   _____

   _____

8. Bernd ist wieder mal spazierengegangen. Er hat den Hund nicht mitgenommen.

_____

_____

9. Peter ist zum Starnberger See gefahren. Er möchte dort sein neues Surfbrett ausprobieren.

_____

_____

10. Claudia ist zu Karstadt gegangen. Sie will ihren Pulli zurückbringen.

_____

_____

11. Dieses Jahr feiere ich meinen Geburtstag im Gasthaus. Ich will nicht selbst für so viele Leute kochen.

_____

_____

12. Warum hast du den Computer gekauft? Du hast ihn nicht ausprobiert!

_____

_____

13. Holger ist in die Bibliothek gegangen. Er muß sein Referat fertigschreiben.

_____

_____

14. Warum schreibst du mir nicht? Du gibst so viel Geld für Telefonrechnungen aus.

_____

_____

7-3 *Und, oder, aber, sondern, denn?* Supply the appropriate conjunctions.

1. Gehst du heute abend mit uns tanzen, _____ mußt du noch lernen?

2. Ich möchte gern tanzen gehen, _____ ich muß leider noch stundenlang lernen.

3. Ich kann leider nicht mit euch tanzen gehen, _____ ich muß noch stundenlang lernen.

4. Heute abend gehen wir mal nicht in die Disco, _____ ins Konzert.

5. Wann fährst du nach Zürich, _____ wen besuchst du dort?

6. Ich fahre nicht nach Zürich, _____ nach Bern, _____ meine Freunde leben jetzt in Bern.

7. Helga hat einen Wagen, _____ sie fährt lieber mit dem Zug.

8. Ich fahre nicht mit dem Wagen, _____ mit dem Zug, _____ im Zug kann ich lesen oder schlafen.

9. Bis Wien fahren wir mit dem Zug, _____ dann mieten wir einen Wagen.

10. Kennen Sie den Mann, _____ kennen Sie ihn nicht?

11. Ich kenne ihn, _____ sein Name fällt mir im Moment nicht ein.

12. Ich glaube, das ist nicht Herr Meyer, _____ Herr Müller.

13. ❯ Möchtest du lieber den Pulli _____ die Jacke?

   ❮ Ich möchte den Pulli _____ die Jacke!

7-4 Bei der Mitfahrzentrale. To save on travel cost, students in the German-speaking countries often go to to a **Mitfahrzentrale,** an agency that puts them in touch with people who are driving to the same destination and who have room for passengers. Complete the sentences below, using information provided by the *Mitfahrzentrale Friedenau* to a prospective passenger. You will need to supply the conjunctions **weil, wenn,** or **daß.**

NEUE VOKABELN

das Kennzeichen   *licence number*
die Beteiligung   *share*
die Vermittlungsgebühr   *fee*

1. Michael ist zur Mitfahrzentrale Friedenau gegangen, _____ er nach _____ fahren will.

2. Bei der Mitfahrzentrale findet Michael heraus, _____ ein Mann mit dem Namen _____ _____ am nächsten Morgen nach Stuttgart fährt.

3. Michael weiß auch, _____ dieser Mann einen VW vom Typ _____ mit dem Kennzeichen _____ fährt.

4. _____ Michael mit Uwe nach Stuttgart fahren will, muß er am _____ Juli um _____ Uhr morgens fertig sein.

5. _____ Michael mit Uwe sprechen will, kann er die Telefonnummer _____ anrufen.

6. _____ Michaels Beteiligung an den Reisekosten DM 37,- ist und _____ er der Mitfahrzentrale eine Vermittlungsgebühr von DM _____ zahlen muß, kostet ihn die ganze Reise DM _____ .

MITFAHRZENTRALE Friedenau
Handjerystraße 58 · Telefon 8 59 10 78
Rainer Wiegand, Erik v. Münster, Thomas Liebl
2385

Fahrer/in _Uwe Schmidt_
nach _Stuttgart_ am _29.07.86_ um _8.00_
Anschrift _Oldenburger Str. 29 1/21_
Tel. _396 3409_
Wagentyp _Passat_ Kennzeichen _BCS 328_ Max. Beteiligung _37,-_

Mitfahrer/in _Gudi Widmayer_ nach _Stuttgart_
Anschrift _Crellestr. 13 1/62_
Umseitige Vermittlungsbedingungen gelesen und anerkannt. Tel. _782 7778_
Datum _25.07.86_ Unterschrift _G. Widm._

Rückfrage und Reklamationen nur über obiger Adresse
Quittung: DM _14,-_ Vermittlungsgebühr dankend erhalten

Mitfahrzentrale Handjerystr. G. b. R.

Datum _____
Unterschrift _____

Hinweis: Die Kostenbeteiligung soll nicht mehr als DM 0,06 pro Pers. und Km betragen. Der Gesamtbetrag darf die Betriebskosten der Fahrt nicht übersteigen. (lt. Personenbeförderungsgesetz)

7-5 Was ist die richtige Konjunktion? Complete with the appropriate conjunctions.

---
sobald / als / bis / damit
---

1. Kannst du warten, _____ ich diesen Brief fertiggeschrieben habe?

2. Ich möchte heute abend zu Hause bleiben, _____ ich diesen Brief fertigschreiben kann.

3. _____ ich diesen Brief fertiggeschrieben habe, können wir gehen.

4. _____ der Brief endlich fertig war, war es zu spät, noch ins Kino zu gehen.

---
bevor / obwohl / seitdem / solange
---

5. _____ Julie vorhat, nächstes Jahr in Deutschland zu studieren, versucht sie, soviel wie möglich Deutsch zu sprechen.

6. _____ Julie nach Deutschland fliegt, möchte sie noch viel mehr Deutsch lernen.

7. _____ Julie noch nicht perfekt Deutsch spricht, möchte sie nächstes Jahr in Deutschland studieren.

8. Keith möchte Julie in Deutschland besuchen, _____ sie dort studiert.

7-6 Das Loch im Pulli. Supply appropriate relative pronouns.

1. Der Pulli, _____ Claudia gestern bei Karstadt gekauft hat, hat leider ein Loch.

2. Claudia braucht den Pulli zu dem schwarzen Rock, _____ sie heute abend zu Helgas Party anziehen will.

3. Die Verkäuferin, _____ Claudia das Loch zeigt, hat den Pulli leider nicht nochmal.

4. Der Pulli, _____ Claudia gestern bei Karstadt gekauft hat, hat achtzig Mark gekostet.

5. Für einen Pulli, _____ schon im Kaufhaus ein Loch hat, will Claudia natürlich nicht den vollen Preis bezahlen.

6. Der Abteilungsleiter, _____ die Verkäuferin das Loch zeigt, sagt, sie soll Claudia den Pulli zwanzig Mark billiger verkaufen.

7. Claudia muß für die Flickwolle, _____ die Verkäuferin ihr gibt, nichts bezahlen.

8. Das Loch, _____ in Claudias Pullover war, kann jetzt kein Mensch mehr sehen.

7-7 Ergänzen Sie. Complete the sentences in each set by choosing the appropriate statements from the choices given and changing them into relative clauses.

Es liegt hier. / Er hängt dort. / Sie steht dort.
---

1. Wem gehört denn der Mantel, _der dort hängt_ _____?

   Wem gehört denn das Buch, _____?

   Wem gehört denn die Weinflasche, _____?

_____
Mein Bruder heiratet sie. / Ich habe es gekauft. / Brigitte heiratet ihn.
_____

2. Wie gefällt dir der Mann, _____?

Wie gefällt dir die Frau, _____?

Wie gefällt dir das Fahrrad, _____?

_____
Du schickst ihr die Rosen. / Du mähst ihnen immer den Rasen. / Du hilfst ihm beim Lernen.

3. Wer ist denn die Frau, _____?

Wer ist denn das Kind, _____?

Wer sind denn die Leute, _____?

_____
Kurt hat sie gekauft. / Claudia hat ihn gekauft. / Claudia hat ihr das Loch gezeigt.

4. Wie gefällt dir der Pulli, _____?

Was hat die Verkäuferin, _____, gesagt?

Was machen wir mit den vielen Äpfeln, _____?

_____
Ihr schaut ihn euch heute abend an. / Ich habe es mir letztes Jahr gekauft. /
Er hat dich gestern abend abgeholt.
_____

5. Woher kennst du den Typ, _____

_____

Ist das ein deutscher Film, _____

_____

Mit dem Fahrrad, _____,
bin ich schon viele tausend Kilometer gefahren.

_____
Ich schreibe ihnen diesen Brief. / Du hast sie mir zum Geburtstag geschenkt. /
Ich habe ihn gestern verkauft.
_____

6. Mit der Kamera, _____

_____, habe ich schon viele hundert Fotos gemacht.

Mit den beiden deutschen Studenten, _____

_____, bin ich letzten Sommer durch ganz Europa getrampt.

Ich habe den Wagen, _____, fast zehn
Jahre lang gefahren.

7-8 Kleine Gespräche. Supply the appropriate verbs and the proper forms of the reflexive pronoun.

---

sich kämmen / sich schminken / sich rasieren / sich schneiden

sich anziehen / sich umziehen / sich ausziehen

---

1. ❯ Seid ihr jetzt endlich im Bett, Kinder?

   ❮ Nein, aber wir _____ _____ gerade _____.

2. ❯ Bist du aufgestanden, Mieke? Der Schulbus kommt in zehn Minuten!

   ❮ Ja, ich _____ _____ gerade _____.

3. ❯ Warum willst du denn meinen Lippenstift?

   ❮ Weil ich vergessen habe, _____ zu _____.

4. ❯ Willst du wirklich in diesen alten Jeans auf Claudias Party?

   ❮ Aber nein, ich _____ _____ gleich _____.

5. ❯ Warum hast du _____ denn nicht _____, Stefan?

   ❮ Weil mein Rasierapparat kaputt ist.

6. ❯ Ist das Messer scharf?

   ❮ Ja, sehr. Passen Sie auf, daß Sie _____ nicht _____!

7. ❯ Warum brauchst du denn meinen Kamm?

   ❮ Weil ich keine Zeit mehr hatte, _____ zu _____.

7-9 Ergänzen Sie! Complete appropriately with verbs from the lists and dative reflexive pronouns.

---

waschen / mieten / putzen / anschauen / machen

---

1. _____ _____ doch eine Tasse Kaffee, wenn du so müde bist.

2. _____ _____ ja die Zähne, bevor ihr ins Bett geht.

3. Morgen _____ wir _____ mal einen Wagen und fahren zum Starnberger See.

4. Vergeßt nicht, _____ die Hände zu _____, bevor ihr zum Mittagessen kommt.

5. Diesen Film müssen Sie _____ unbedingt _____, Frau Schaufler.

_____
suchen / aufwärmen / machen / kaufen / anhören
_____

6. Darf ich _____ deine neue CD _____, Tina?

7. Was für einen Wagen hat _____ Kathrin _____?

8. Nächstes Semester _____ wir _____ eine viel größere Wohnung.

9. Wenn ihr Hunger habt, könnt ihr _____ das Gulasch von gestern _____.

10. Warum _____ du _____ denn nicht ein paar Brote, statt immer in der Cafeteria zu essen?

7-10 Was Maria gestern alles gemacht hat. Supply the appropriate verbs and reflexive pronouns in the accusative or dative case.

_____
machen / duschen / waschen / putzen / anziehen
_____

Gestern bin ich sehr früh aufgestanden, habe _____ schnell _____ und _____ die Haare _____, und weil es sehr kalt werden sollte, habe ich _____ sehr warm _____. Zum Frühstück habe ich _____ eine Tasse Kaffee und zwei Scheiben Toast _____. Nach dem Frühstück habe ich _____ noch schnell die Zähne _____ und bin dann zum Bus gerannt.

_____
aufwärmen / machen / suchen / anschauen / machen
_____

In der Uni bin ich gleich in die Bibliothek gegangen und habe _____ für mein Referat über die industrielle Revolution ein paar gute Bücher _____. Bis zum Mittagessen habe ich dann schwer gearbeitet und _____ viele Notizen _____. Weil ich am Morgen keine Zeit hatte, _____ ein paar Brote zu _____ und weil ich das Essen in der Mensa nicht mag, bin nach Hause gefahren, und habe _____ dort den Rest der Pizza von gestern _____. Beim Essen habe ich den Fernseher eingeschaltet und habe _____ eine Seifenoper _____.

_____
anziehen / anhören / anschauen / kochen / duschen
_____

Nach dem Essen habe ich angefangen, das Referat zu schreiben. Dazu habe ich _____ meine schönsten CDs _____, denn mit Musik kann ich viel besser denken. Um fünf war ich so müde, daß ich Pause machen mußte. Ich habe _____ einen starken Kaffee _____ und das letzte Stück Apfelstrudel dazu gegessen. Dann habe ich _____ nochmal _____ und habe _____ schön _____, denn um sechs ist mein Freund Markus gekommen, und wir sind zusammen ins Kino gegangen und haben _____ einen tollen Film _____.

7-11 Fragen und Anworten. Supply the appropriate verbs and express the German equivalent of *each other* with reflexive pronouns.

---
schreiben / anrufen
---

1. ❯ Warum _____ ihr _____ denn nicht mehr?

   ❮ Weil wir jetzt genug Geld haben, _____ einmal die Woche _____.

---
kennenlernen / kennen
---

2. ❯ _____ Sie _____?

   ❮ Ja, wir haben _____ auf Professor Bergers Party _____.

---
zeigen / treffen
---

3. ❯ Warum _____ ihr _____ heute abend?

   ❮ Weil wir _____ unsere Fotos aus Deutschland _____ wollen.

---
schreiben / wiedersehen
---

4. ❯ _____ ihr _____ immer noch fast jeden Tag?

   ❮ Ja, und im Januar _____ wir _____ dann endlich _____.

---
mögen / grüßen
---

5. ❯ Warum denkst du, daß _____ Susanne und Tobias nicht mehr _____?

   ❮ Weil sie _____ nicht mehr _____.

---
küssen / lieben
---

6. ❯ Warum denkst du, daß _____ Tina und Günter _____?

   ❮ Weil sie _____ auf Nicoles Party so oft _____ haben.

7-12 Was paßt zusammen? Match the questions and responses in each set (1-6 and 7-12) by writing the appropriate numbers in the spaces provided.

1. Wo sollen wir uns hinsetzen?

2. Wie hat sich Günter gestern abend benommen?

3. Warum setzt ihr euch denn nicht hin?

4. Wo ist Brigitte?

5. Wie fühlt sich Brigitte jetzt?

6. Wie hat sich Martin denn so erkältet?

_____ Wir haben den ganzen Morgen gesessen.

_____ Er ist vorgestern stundenlang im Regen spazierengegangen.

_____ Setzt euch dort in die Ecke.

_____ Ich glaube, es geht ihr schon viel besser.

_____ Er war wieder mal viel zu laut.

_____ Sie ist in ihr Zimmer gegangen und hat sich hingelegt.

7. Warum war Helga heute nicht der Vorlesung?

8. Warum lädst du Günter nicht ein?

9. Warum regt ihr euch denn so auf?

10. Wann entschuldigst du dich bei Professor Kuhl?

11. Warum darf ich denn meinen Kaffee nicht austrinken?

12. Warum hat sich Professor Braun denn so aufgeregt?

_____ Weil sich die Studenten in seiner Vorlesung so laut unterhalten haben.

_____ Gleich nach dieser Vorlesung.

_____ Weil er sich immer so schlecht benimmt.

_____ Weil sie sich gestern beim Schwimmen schwer erkältet hat.

_____ Weil du wieder so schlechte Zensuren nach Hause gebracht hast.

_____ Weil wir uns beeilen müssen.

7-13   Warum denn? Use the components provided to complete the questions and responses. Write the verbs in the present tense unless otherwise indicated.

1. ❯ sich anziehen / denn so warm / du
   ❮ sich erkälten / wollen / ich / nicht

   ❯ Warum __ziehst du dich denn so warm an__ ?

   ❮ Weil _____ .

2. ❯ sich verspäten (*perfect*) / Sie / denn so
   ❮ starten / wollen (*simple past*) / mein Wagen / nicht

   ❯ Warum _____ ?

   ❮ Weil _____ .

3. ❯ sich aufregen / du / denn so
   ❮ helfen / wollen / du / mir / nie

   ❯ Warum _____ ?

   ❮ Weil _____ .

4. ❯ sich setzen / Sie / denn nicht / haben /
   ❮ Zeit / nur ein paar Minuten / ich

   ❯ Warum _____ ?

   ❮ Weil _____

5. ❯ sich beeilen / denn nicht / du / ein bißchen
   ❮ abfahren / mein Zug / in einer halben Stunde / erst

   ❯ Warum_____ ?

   ❮ Weil _____

6. ❯ mitkommen (*perfect*) / Brigitte / denn nicht
   ❮ sich wohl fühlen / nicht / sie

   ❯ Warum _____ ?

   ❮ Weil _____

7. ❯ sich entschuldigen / wollen / du / bei Frau Meyer / nicht
   ❮ sich benehmen (*perfect*) / schlecht / gar nicht / ich

   ❯ Warum _____

   _____ ?

   ❮ Weil _____

   _____ .

8. ❯ sich verspäten *(perfect)* / denn so / ihr
   ❮ sich unterhalten *(perfect)* / wir / mit Claudia und Martin

   ❯ Warum _____?

   ❮ Weil _____

   _____.

9. ❯ sich krank fühlen / ich / denn so
   ❮ essen *(perfect)* / wieder mal / du / viel zu viel

   ❯ Warum _____?

   ❮ Weil _____.

10. ❯ sich beschweren / wollen / du / beim Kellner
    ❮ sein / mein Gulasch / total versalzen

   ❯ Warum _____?

   ❮ Weil _____.

7-14 Am Silvesterabend. The Ziegler family is making New Year's resolutions. Use the future tense to complete what they say.

_____ bringen / meiner Frau jeden Morgen das Frühstück ans Bett. _____

1. Herr Ziegler: Im neuen Jahr <u>werde ich meiner Frau jeden Morgen das Frühstück</u>
   <u>ans Bett bringen.</u>

_____ denken / wir viel mehr an unsere Gesundheit _____

2. Frau Ziegler: Im neuen Jahr _____

   _____

_____ joggen gehen / Klaus jeden Morgen mit mir eine halbe Stunde _____

3. Frau Ziegler: Im neuen Jahr _____

   _____

kaufen / wir uns einen kleineren Wagen

4. Herr Ziegler: Im neuen Jahr _____

_____

geben / es bei uns viel weniger Nachtisch

5. Frau Ziegler: Im neuen Jahr _____

_____

helfen müssen / die Kinder zu Hause viel mehr

6. Herr Ziegler: Im neuen Jahr _____

_____

campen gehen / unsere Familie nicht mehr

7. Frau Ziegler: Im neuen Jahr _____

_____

sein / ich zu Alexander nicht mehr so unfreundlich

8. Robert: Im neuen Jahr _____

_____

bekommen / Tante Bettina viel mehr Briefe von mir

9. Nina: Im neuen Jahr _____

_____

7-15 Kombinationen. Indicate the English equivalents of the German compound nouns by writing the appropriate numbers in the spaces provided.

1	die Straßenbahn	___	main street
2	die Milchstraße	___	one-way street
3	das Straßencafé	___	expressway
4	die Seitenstraße	___	milky way
5	der Straßenmusikant	___	streetcar
6	die Durchgangsstraße	___	detour
7	die Straßenbahnhaltestelle	___	road map
8	die Umgehungsstraße	___	side street
9	die Paßstraße	___	street musician
10	das Straßenrennen	___	outdoor restaurant
11	die Schnellstraße	___	through street
12	die Hauptstraße	___	mountain pass
13	die Straßenkarte	___	road race
14	die Einbahnstraße	___	streetcar stop

Speisekarte

Aus dem Suppentopf

Mexikanische Bohnensuppe	4,40
*Ungarische Gulaschsuppe	5,-
Französische Zwiebelsuppe	4,50
*Bouillon, klar	3,50

Aus der Wurstküche

•Weißwürste (2 Stück)	6,00
*Wienerwürste mit Kartoffelsalat	7,50
*Schweinswürste mit Sauerkraut	6,50
*Knackwürste mit Kraut u. Kartoffel-puree	9,30

Für den kleinen Appetit

Heringssalat mit Bauernbrot u. frischer Butter	6,20
Fleischsalat, »italienisch« mit Toast und Butter	8,50
Russische Eier auf Gemüse-salat	7,50
Käseteller mit Brot, Butter und Radieschen	9,50
•Omelette Champignon mit gemischtem Salat	10,-
Toast mit Schinken »Hawaii«	7,50
Kleines Filetsteak auf Toast mit Kräuterbutter	12,50

Der Küchenchef empfiehlt

Cordon bleu natur vom Grill mit Champignons, Kartoffelkroketten u. grünem Salat	25,-
•Kalbsschnitzel mit buntem Salatteller	18,-
Filetsteak »amerikanisch« mit Pommes frites u jungen Karotten	25,50
•Forelle blau mit Salzkartoffeln, brauner Butter u. grünem Salat	27,50

Zum guten Schluß

Orangensorbet in Orangenfrucht	5,90
Bananensplit	6,50
Apfelstrudel mit Vanille-Eis	6,-
Gemischtes Eis mit Schlagsahne	5,-
Dreifrüchte-Eis	6,50
Fruchteisbecher »Hawaii«	8,20

Für den Durst

Cola, Apfelsaft	3,80
Mineralwasser	3,00
Tasse Kaffee	3,50
Kännchen Kaffee	5,00
Exportbier 0,3l	3,50
Weißwein (Riesling) 0,2l	4,00

Die mit • markierten Gerichte sind besonders kalorienarm.
Die mit * markierten Gerichte enthalten Farbstoffe.

7-16 Im Restaurant. Use the menu on the preceding page to answer the following questions. Listed below are some words from the menu which you may not know.

NEUE VOKABELN

die Bohne	bean	**Forelle blau**	poached trout
die Zwiebel	onion	**der Schinken**	ham
das Kraut	cabbage	**empfehlen**	to recommend
Kräuter	herbs	**enthalten**	to contain
das Kartoffelpuree	mashed potatoes	**der Farbstoff**	coloring agent

1. Sie essen gern Wurst, sind aber allergisch gegen Farbstoffe. Was können Sie bestellen?

   _____

2. Sie haben großen Hunger und möchten gern ein Fleischgericht essen. Sie mögen aber keinen Salat. Was bestellen Sie?

   _____

   _____

3. Sie sind sehr hungrig und möchten ein Essen mit Suppe, Fleisch oder Wurst, Kartoffeln und Gemüse. Zum Nachtisch möchten Sie gern Apfelstrudel und Kaffee. Und zum Essen möchten Sie natürlich auch ein Glas Bier. Leider haben Sie nur 30 Mark. Was bestellen Sie?

   _____

   _____

4. Sie sind Vegetarier(in), essen aber Eier und Fisch. Sie möchten gern ein warmes Essen. Welche zwei Gerichte können Sie bestellen?

   _____

   _____

5. Sie möchten eine warme Suppe und ein Fleischgericht mit wenig Kalorien. Was bestellen Sie?

   _____

   _____

7-17 Ergänzen Sie! Complete the word pairs in the second column so that they correspond to those in the first column.

1. das Gymnasium - das Klassenzimmer

   die Universität - *der Hörsaal*

2. der Schüler - das Gymnasium

   der Student - _____

3. die Frage - die Antwort

   das Problem - _____

4. die Hand - der Finger

   der Fuß - _____

5. das Knie - das Bein

   der Ellenbogen - _____

6. die Zahnpasta - die Zähne

   das Shampoo - _____

7. sehen - die Augen

   essen - _____

8. hören - die Ohren

   riechen - _____

9. denken - der Kopf

   beißen - _____

10. fahren - das Auto

    fliegen - _____

8-1 Was paßt? Using the question words **wo** and **wohin** as cues, complete sentences a. and b. with the appropriate verbs. Note that the verbs are given in their correct forms.

gehängt / gekauft

1. a. Wo hast du den Mantel _____?

   b. Wohin hast du den Mantel _____?

triffst / fährst

2. a. Wo _____ du Sabine heute abend?

   b. Wohin _____ du Sabine heute abend?

fliegt / studiert

3. a. Wohin _____ deine Schwester nächstes Jahr?

   b. Wo _____ deine Schwester nächstes Jahr?

geschickt / gefunden

4. a. Wo haben Sie das Geld _____?

   b. Wohin haben Sie das Geld _____?

gehst / bist

5. a. Wo _____ du heute abend?

   b. Wohin _____ du heute abend?

parken / fahren

6. a. Wo soll ich _____?

   b. Wohin soll ich _____?

wohnen / reisen

7. a. Wo _____ deine Eltern?

   b. Wohin _____ deine Eltern?

8-2 *Wo oder *wohin*? Complete the questions with **wo** or **wohin** and the responses with the proper case endings.

1. ❯ _____ soll ich den Brief schicken?

   ❮ Schick ihn nach Ulm, an dies___ Adresse hier.

2. ❯ _____ ist Ulm?

   ❮ Ulm liegt an d___ Donau (f).

3. ❯ _____ ist die Postkarte von Bettina?

   ❮ Ich glaube, sie liegt unter dein___ Bücher___.

4. ❯ _____ gehst du nach dem Joggen?

   ❮ Unter d___ Dusche natürlich.

5. ❯ _____ ist Günter?

   ❮ Ich glaube, er sitzt mal wieder vor d___ Fernseher.

6. ❯ _____ soll ich meine nassen Schuhe stellen?

   ❮ Stell sie doch vor d___ Tür.

7. ❯ _____ steht dein Wagen?

   ❮ Auf d___ Parkplatz hinter d___ Bibliothek.

8. ❯ _____ hast du mein Fahrrad gestellt? In d___ Garage?

   ❮ Nein, hinter d___ Garage.

9. ❯ _____ geht diese Tür?

   ❮ Auf d___ Balkon.

10. ❯ _____ ist die Buchhandlung? Neben d___ Apotheke?

    ❮ Ja, zwischen d___ Apotheke und d___ Blumenhaus Dieterich.

11. ❯ _____ wohnst du jetzt?

    ❮ In d___ Schillerstraße über d___ Bäckerei Schaufler.

12. ❯ _____ fährt dieser Bus?

    ❮ Über d___ Rhein (m) nach Bonn.

8-3 *An, auf* **oder** *in?* Supply the appropriate prepositions and endings and use contractions wherever possible.

1. ❯ Gestern abend war ich schon um halb zehn _____ Bett.

   ❮ Und wann bist du vorgestern abend _____ Bett gegangen?

2. ❯ Wart ihr schon oft _____ d___ Nordsee (f)?

   ❮ Schon so oft, daß wir dieses Jahr mal nicht _____ d___ Nordsee fahren, sondern _____ Schwarze Meer.

3. ❯ Wer ist denn _____ Telefon?

   ❮ Deine Freundin Tina. Sie will bestimmt wissen, mit wem du gestern abend _____ Kino warst.

4. ❯ Geh bitte _____ Telefon!

   ❮ Warum denn?

   ❯ Michael möchte wissen, ob du heute abend mit ihm _____ Kino gehst.

5. ❯ Was hast du denn _____ d___ Stadt gemacht, Brigitte?

   ❮ Zuerst war ich _____ d___ Markt und dann _____ d___ Post und beim Schuhmacher.

   ❯ Nicht _____ d___ Bank? Du weißt doch, daß wir Geld brauchen!

   ❮ Nein, ich hatte keine Zeit mehr. Aber ich gehe heute nachmittag nochmal _____ d___ Stadt, und dann gehe ich natürlich auch _____ d___ Bank.

6. ❯ Waren Sie letzten Winter wieder _____ d___ Alpen (pl), Frau Schaller?

   ❮ Nein, Frau Lange, wir fahren jetzt nicht mehr _____ d___ Alpen, sondern fliegen _____ d___ Rockies.

7. ❯ Ich muß jetzt _____ Rathaus, Irene.

   ❮ Was willst du denn _____ d___ Rathaus?

   ❯ Ich muß für die Müllabfuhr bezahlen.

8-4 Finden Sie die richtigen Verben! Complete the following mini-conversations with the appropriate forms of **stellen, stehen, legen, liegen** and **hängen**. Supply the proper case endings where necessary.

1. ❯ Wo ist denn mein Mantel? Ich weiß ganz genau, daß ich ihn auf mein___ Bett
   _____ habe.

   ❮ Ich habe ihn in d___ Garderobe _____. Du weißt doch, daß ich es nicht mag, wenn immer alles auf dein___ Bett _____.

2. ❯ Laß doch die Zeitung nicht immer auf d___ Couch _____, Kurt!

   ❮ Ich habe die Zeitung nicht auf d___ Couch _____.

   ❯ Aber du sitzt doch immer auf d___ Couch, wenn du die Zeitung liest.

   ❮ Ja, aber wenn ich fertig bin, _____ ich sie immer ganz ordentlich auf d___ Couchtisch.

3. ❯ Wo ist denn der Papierkorb?

   ❮ _____ er nicht neben dein___ Schreibtisch?

   ❯ Nein, und auch nicht unter d___ Schreibtisch. Und ich weiß ganz genau, daß ich ihn neben d___ Schreibtisch _____ habe.

   ❮ Dann geh doch mal in d___ Flur und schau dort. Vielleicht hat die Putzfrau ihn in d___ Flur _____.

4. ❯ Sollen wir unsere Mäntel in d___ Garderobe _____, Kathrin?

   ❮ Vielleicht _____ ihr sie lieber auf mein___ Bett. Ich glaube nicht, daß in d___ Garderobe noch viel Platz ist.

5. ❯ Wo ist denn mein Fahrrad? Ich habe es doch gestern abend auf d___ Balkon _____.

   ❮ Es _____ unten vor d___ Haus. Matthias ist heute früh schnell mit deinem Fahrrad weggefahren und hat es dann vor d___ Haus _____ lassen.

8-5 Kleine Gespräche. Complete the following mini-conversations with the question words **wann, wo,** or **wohin,** the prepositions **an, in, vor,** or **zwischen,** and the proper case endings. Use contractions wherever possible.

1. FRAU HALLER: _____ fliegen Sie denn nach Europa, Frau Bender, _____ Juli?

    FRAU BENDER: Nein, schon _____, ersten Juni.

    FRAU HALLER: Und _____ fliegen Sie? Nur zu Ihrer Schwester _____ München?

    FRAU BENDER: Nein, Ende Juni fahre ich dann _____ d___ Schweiz. Meine Tante lebt

    _____ d___ Schweiz, wissen Sie.

    FRAU HALLER: Und _____ kommen Sie wieder zurück?

    FRAU BENDER: _____ d___ zehnten und d___ fünfzehnten August.

2. HERR HALLER: _____ ist Ihre Frau jetzt, Herr Bender?

    HERR BENDER: Im Moment ist sie bei Ihrer Tante _____ d___ Schweiz.

    HERR HALLER: Und _____ kommt sie wieder nach Hause?

    HERR BENDER: _____ Montag _____ ein___ Woche.

3. BETTINA: Warum rennst du denn so, Brigitte?

    BRIGITTE: Ich muß _____ d___ Vorlesung noch schnell _____ d___

    Bibliothek.

4. STEPHANIE: _____ kann ich mit Professor Meyer sprechen, Frau Herz?

    FRAU HERZ: Am besten kurz _____ neun, _____ sein___ ersten Vorlesung,

    oder dann _____ sein___ ersten und sein___ zweiten Vorlesung.

    STEPHANIE: Und _____ ist das?

    FRAU HERZ: Das ist dann _____ zehn und elf.

5. PETER: _____ ist Martin weggefahren?

    CLAUDIA: _____ ein___ dreiviertel Stunde.

8-6 Wie gut kennen Sie Schönbach? Look at the drawing on the opposite page and complete the responses below with the appropriate prepositions and endings.

NEUE VOKABELN

im Freien	*outdoors*	**die Tanne**	*fir tree*
der Brunnen	*fountain*	**die Kirche**	*church*
die Bank	*bench*	**die Eiche**	*oak tree*

1. ❯ Wo ist die Bäckerei Biehlmaier?

   ❮ _____ d___ Blumenhaus Vogel und d___ Drogerie Schulz.

2. ❯ Wo ist das Schreibwarengeschäft Maier?

   ❮ _____ d___ Markt-Café (n).

3. ❯ Wo kann man im Freien essen?

   ❮ _____ d___ Gasthaus Lamm.

4. ❯ Wo ist das Krankenhaus?

   ❮ _____ d___ Silcherstraße.

5. ❯ Wohin hat Tanja ihr Fahrrad gestellt?

   ❮ _____ d___ Marktbrunnen.

6. ❯ Was macht Tanja?

   ❮ Sie steht _____ d___ Marktbrunnen und spricht mit einer Freundin.

7. ❯ Wo ist Tanjas Wohnung?

   ❮ _____ d___ Wohnung von Müllers.

8. ❯ Was macht Frau Müller gerade?

   ❮ Sie ist _____ Stadtpark und sitzt _____ d___ Bank _____ d___ alten Tanne _____ Feuersee.

9. ❯ Wo ist die Johanneskirche?

   ❮ _____ d___ Kirchstraße.

10. ❯ Wo ist die große, alte Eiche?

   ❮ _____ d___ Johanneskirche.

Schönbach

1 Marktplatz   2 Rathaus
3 Stadtpark   4 Feuersee
5 Post   6 Bank
7 Silcherstr.   8 Kirchstr.
9 Städtisches Krankenhaus
10 Johanneskirche
11 Buchhandlung Moser
12 Schuhgeschäft Roth
13 Fleischerei Fischer
14 Gasthaus Lamm
15 Markt-Café
16 Schreibwarengeschäft Maier
17 Schuh-Scholler
18 Waschsalon Huber
19 Drogerie Schulz
20 Bäckerei Biehlmaier
21 Blumenhaus Vogel
22 Stadt-Apotheke
23 Tanjas Wohnung
24 Müllers Wohnung

8-7 Tanja hat heute viel zu tun. Referring to the drawing on page 99, supply the appropriate two-case prepositions and case endings.

Tanja und Silke leben _____ d___ kleinen Stadt Schönbach _____ Schwarzwald. Sie haben dort _____ ein___ großen, alten Haus direkt _____ Stadtpark eine kleine, aber sehr schöne Wohnung gemietet. Silke hatte _____ ein paar Tage___ eine Operation, und sie liegt jetzt _____ Städtischen Krankenhaus _____ d___ Silcherstraße. Heute ist Samstag, und Tanja hat vor, Silke _____ Nachmittag zu besuchen. Vorher muß sie aber noch viele Einkäufe machen. Bevor sie weggeht, ruft sie Silke an und erzählt ihr, was sie alles vorhat.

»Du, Silke, heute nachmittag komme ich zu dir _____ Krankenhaus.«

»Wann ich komme, willst du wissen? So _____ zwei und drei.«

»Nein, früher kann ich nicht. Du weißt doch, was es _____ Samstag alles zu tun gibt.«

»Also zuerst muß ich _____ d___ Drogerie, weil wir Zahnpasta, Shampoo und Aspirin brauchen. Dann gehe ich _____ d___ Marktplatz _____ Schreibwarengeschäft Maier und kaufe meiner Mutter eine schöne Geburtstagskarte.«

»Wann Mutti Geburtstag hat? _____ Mittwoch.«

»Aber klar, wenn ich dann gleich _____ d___ Post gehe, kriegt sie die Karte sogar schon _____ Dienstag.«

»Wie bitte? Ich soll _____ d___ Bank gehen und Geld holen?«

»Ja, ich weiß, daß die Bank gleich _____ d___ Post ist. Aber du hast vergessen, daß die Bank _____ Samstag geschlossen ist.«

»Aber natürlich habe ich genug Geld, Silke, ich war doch gestern _____ d___ Bank.«

»Ja, dann gehe ich etwas essen. Aber _____ d___ Essen will ich noch schnell _____ Schuhgeschäft und ein Paar Sandalen kaufen.«

»Nein, ich gehe nie _____ Schuhgeschäft Roth. Ich kaufe immer bei Schuh-Scholler, weil die Schuhe dort viel billiger sind.«

»Was, du gehst jeden Samstag _____ d___ Waschsalon Huber und weißt nicht, wo Schuh-Scholler ist?«

»Ja, direkt _____ d___ Waschsalon. Wenn ich meine Sandalen dann habe, gehe ich noch schnell etwas essen, bei dem schönen Wetter natürlich _____ d___ Gasthaus Lamm im Freien. Dann kaufe ich dir noch schnell bei d___ Buchhandlung Moser _____ d___ Ecke Marktplatz-Silcherstraße den neuesten Krimi von Stephen King, und so _____ zwei und drei bin ich dann bei dir.«

8-8 Der Genitiv. Using the appropriate noun in the genitive case, write questions or statements in the present tense.

1. kriegen / du / dein Vater / der Wagen / ?

   <u>Kriegst du den Wagen deines Vaters?</u>

2. sein / der Motor / dieser Wagen / sehr gut

   _____

3. sein / Frau Meyer / so wild / Kinder / immer / ?

   _____

4. gefallen / wie / dir / Jacke / Monika / ?

   _____

5. sein / meine Schwester / der Freund / Amerikaner

   _____

6. dürfen / umstellen / nicht / wir / Frau Wild / Möbel

   _____

7. finden / ich / der Monitor / dein Computer / viel zu klein

   _____

8. sein / das Ende / dieser Film / sehr dramatisch

   _____

9. kennen / Bernd / du / Freundin / ?

   _____

10. sein / wo / das neue Haus / deine Eltern / ?

   _____

11. lesen / ich / diese Autorin / die Bücher / sehr gern

   _____

12. wissen / du / Adresse / Kathrin / ?

   _____

8-9 Ergänzen Sie! Use the appropriate *n*-nouns in the proper case to complete the sentences below.

der Junge	der Tourist	der Student
der Pilot	der Nachbar	der Patient
der Kollege	der Junge	der Präsident
der Assistent	der Athlet	der Hase

1. Dieser Mann wohnt im Weißen Haus. Man nennt ihn den _____ der USA.

2. Diese Menschen reisen in wenigen Wochen durch viele Länder und fotografieren wie wild.

   Man nennt sie _____.

3. Dieser Mann wohnt in dem Haus neben unserem Haus. Er ist unser _____.

4. Dieser Mann sitzt im Cockpit des Flugzeugs und fliegt die Maschine. Man nennt ihn den

   _____.

5. Frau Koch, Herr Berger und Herr Kurz arbeiten alle bei Karstadt. Herr Berger und Herr

   Kurz sind Frau Kochs _____.

6. Dieses kleine Tier hat sehr lange Ohren. Man nennt es einen _____.

7. Bei jeder Olympiade gibt es ein Olympisches Dorf. Im Olympischen Dorf wohnen die

   _____.

8. Zieglers haben zwei Kinder, ein Mädchen und einen _____. Das Mädchen

   heißt Nina, und der _____ heißt Robert.

9. Wenn ein Mensch krank ist und im Krankenhaus liegt, ist er ein _____.

10. Wenn ein _____ für einen Professor im Labor arbeitet, nennt man ihn einen

    _____.

8-10 Kleine Gespräche. Complete with **statt, trotz, während,** or **wegen** and genitive endings.

1. ❯ Warum rufst du Kathrin nicht an?

   ❮ Weil sie _____ d___ Tag___ nicht zu Hause ist.

2. ❯ Warum gehen Köhlers denn so selten aus?

   ❮ _____ ihr___ beiden kleinen Kinder.

3. ❯ Warum hast du denn Salat _____ d___ Pommes frites bestellt?

   ❮ Weil ich schlank bleiben will.

4. ❯ Ist Julia tanzen gegangen?

   ❮ Ja, _____ ihr___ vielen Hausaufgaben.

5. ❯ Warum ist Gerd denn nicht mitgekommen?

   ❮ _____ sein___ vielen Hausaufgaben.

6. ❯ Warum ist Sabine denn nicht mitgekommen?

   ❮ Weil sie _____ d___ Woche keine Zeit hat.

7. ❯ Sollen wir unserem Sohn einen Computer zum Geburtstag schenken?

   ❮ Ich glaube, er möchte lieber Geld _____ ein___ Computer___.

8. ❯ Wissen Sie, daß Frau Keller morgen neunzig wird?

   ❮ Ja, und sie geht _____ ihr___ Alter___ jeden Tag eine Stunde spazieren.

8-11 Ergänzen Sie! Supply genitive endings.

1. Die Zimmer mein___ neu___ Wohnung sind groß und hell. Vom Wohnzimmer aus sehe ich die Büsche und die Blumen ein___ große___ Garten___, und von meinem Schlafzimmer aus sehe ich nachts die vielen Lichter unser___ groß___ Stadt.

2. Frau Keller geht trotz ihr___ schwer___ Arthritis (f) und trotz ihr___ hoh___ Alter___ jeden Tag eine Stunde spazieren.

3. Während d___ lang___ Trockenzeit ist Südkalifornien braun und golden, aber während d___ kurz___ Regenzeit wird dann alles ganz grün.

4. In der Nähe von Schulen und Seniorenheimen dürfen Autos wegen d___ viel___ Kinder und wegen d___ alt___ Leute nur sehr langsam fahren.

8-12 Das Geburtstagsgeschenk. Supply adjective endings.

Nicoles Bruder David wird in der kommend___ Woche dreizehn, und Nicole möchte ihm ein schön___ Geburtstagsgeschenk kaufen. Weil sie aber nicht weiß, was sie ihm kaufen soll, fragt sie ihre Freundin Maria, denn Maria hat immer die tollst___ Ideen.

»Kauf ihm doch eine lustig___ Swatch«, sagt Maria, »oder die neuest___ CD von seiner liebst___ Rockgruppe. Oder noch besser! Kauf ihm ein interessant___ Computerspiel (n), denn ein dreizehnjährig___ Junge mag heutzutage nichts lieber als Computerspiele.« Ein gut___ Computerspiel ist Nicole aber viel zu teuer, eine Swatch hat David schon zu seinem zwölft___ Geburtstag bekommen, und eine CD mag sie ihm nicht kaufen, weil sie den musikalisch___ Geschmack ihres klein___ Bruders ganz schrecklich findet. Die beid___ Freundinnen gehen deshalb zum KaDeWe, dem größt___ Kaufhaus in Berlin, denn dort wird ihnen bestimmt etwas einfallen.

Im KaDeWe hat heute der groß___ Winterschlußverkauf begonnen, und in den meist___ Abteilungen sind die Preise stark reduziert. Maria kauft sich eine schick___ warm___ Winterjacke, und Nicole gibt fast ihr ganz___ Geld für einen elegant___ schwarz___ Pulli aus. Dann schaut sie ein bißchen beschämt in ihre fast leer___ Geldtasche, denn mit den paar lächerlich___ Pfennigen kann sie David kein Geburtstagsgeschenk kaufen.

Zum Glück hat Maria aber auch diesmal eine gut___ Lösung. »Kauf deinem klein___ Bruder doch eine lustig___ Geburtstagskarte«, sagt sie, »und mit dieser Karte zusammen schickst du ihm einen Schuldschein mit den folgend___ Worten: Mein lieb__ David, ich schulde Dir zu Deinem dreizehnt___ Geburtstag ein schön___ Geschenk. Wenn ich in der nächst___ oder in der übernächst___ Woche wieder mehr Geld habe, bekommst Du es ganz bestimmt.«

8-13 Ergänzen Sie! Supply the appropriate adjectives and endings!

blond / faul / klein / interessant / reich / stark

1. Der Mercedes 500 E ist ein Wagen für sehr _____ Leute.
2. Mit _____ Haar hat Sabine mir viel besser gefallen.
3. Steh doch endlich auf, du _____ Kerl!
4. So _____ Kaffee kann nicht gesund sein!
5. Dieser Journalist schreibt sehr _____ Artikel.
6. Das ist kein Film für _____ Kinder.

rot / viel / gelb / regnerisch / schwer / doof

7. Ich mag _____ Rosen viel lieber als _____.
8. Benimm dich doch nicht so schlecht, du _____ Kerl!
9. Wir hatten während dieser Reise fast immer _____ Wetter!
10. _____ Einwanderer sind durch _____ Arbeit sehr reich geworden.

_____
schön / kalt / wollen / nett / groß / heiß
_____

11. So _____ Winter wie in Kanada gibt es in Deutschland nicht.

12. Bei _____ Wetter gehen wir oft spazieren.

13. Tina hat _____ Glück (n) gehabt. Sie hat bei sehr _____ Leuten ein Zimmer mit Küchenbenutzung gefunden.

14. _____ Pullis darf man nicht in _____ Wasser waschen.

8-14 Immobilien. The following real estate ad for a vacation home in Spain shows some of the typical abbreviations found in German newspapers. Using the glossary and adding the appropriate adjective endings, complete the full-sentence version.

_____

SPANIEN EXKLUSIV
Schick. Bungalow, dir. am geplant. Golfplatz, Nähe wunderb.
Sandstrand, 2 Schlafzi., gr. Wohnzi., mod. Küche, gr. schatt.
Gartenterr., brandn. Pergola-Gar. f. 2 PKWs. Nur DM 185 700,-
Tel. 0761/407355   Fax 0761/407356

_____

dir.	direkt	schatt.	schattig
wunderb.	wunderbar	brandn.	brandneu
gr.	groß	f.	für
mod.	modern	PKW = Personen-kraftwagen	Auto

Der Bungalow liegt _____ am _____ Golfplatz. Es ist ein

_____ Bungalow (m), und er ist nicht weit weg von einem _____

Sandstrand. Der Bungalow hat zwei Schlafzimmer, ein _____ Wohnzimmer, eine

_____ Küche, eine _____, _____ Gartenterrasse und

eine _____ Pergola-Garage für zwei PKWs.

Kapitel 9

9-1 Stephanie bekommt Besuch von Freunden aus Amerika. Supply the appropriate regular verbs in the simple past tense.

---

besuchen / erzählen / landen / reisen

Unser Flugzeug _____ morgens um acht auf dem Frankfurter Flughafen. Von Frankfurt _____ wir dann mit dem Zug nach München. Dort _____ wir Stephanie Braun, und Stephanie _____ uns viel von ihrem Leben in dieser schönen Stadt.

übernachten / bestellen / baden / spazieren / bezahlen / machen

Wir _____ in der WG von Stephanies Freundin Claudia. Am nächsten Morgen _____ wir zuerst einen Stadtbummel, und dann _____ wir durch den Englischen Garten. Weil es sehr heiß war, _____ wir im Eisbach. Später _____ Stephanies Freund Peter in einem Biergarten für jeden von uns ein Glas Bier und ein Paar Weißwürste, und er _____ dann auch alles.

öffnen / kochen / diskutieren / spielen / regnen / hören

Weil es am Nachmittag _____, waren wir bis spät abends bei Peter und seinem Freund Martin. Stephanie _____ Kaffee, und Martin _____ später noch eine Flasche Wein. Wir _____ Karten, _____ CDs und _____ über wichtige Probleme.

---

reisen / bestellen / packen

Spät in der Nacht _____ wir bei Claudia unsere Rucksäcke, _____ ein Taxi zum Bahnhof und _____ zu meinem Onkel nach Hannover.

9-2 Fremdsprachen muß man können! The following anecdote demonstrates the importance of knowing foreign languages. Supply the appropriate irregular verbs in the simple past tense.

NEUE VOKABELN

Lieder	songs	riesig	huge
Beeren	berries	erschrocken	startled
Nüsse	nuts	zittern	to tremble

_____

singen / gehen / laufen / fressen / tragen

Eine Mäusemama _____ einmal mit ihren vier kleinen Kindern durch den Wald. Das Baby _____ sie auf dem Arm, und die anderen drei _____ um die Bäume und durch die Büsche, _____ lustige Lieder oder _____ auch Beeren und Nüsse.

_____

rufen / sprechen / stehen / beginnen / springen

Plötzlich _____ da mitten auf dem Weg eine riesige, schwarze Katze. Die Kinder hatten große Angst und _____ zu zittern und zu weinen. Die Mäusemama aber _____ wie ein Hund ganz laut: »Wau wau!«, und die Katze _____ erschrocken auf den nächsten Baum. Da _____ die Mäusemama zu ihren Kindern: »Seht ihr jetzt, wie wichtig es ist, Fremdsprachen zu können?«

9-3 Austauschstudentinnen. Lisa and Susan, two American exchange students, are on their way to the **Technische Universität** in Berlin. Using the appropriate separable-prefix verbs in the simple past tense, complete Lisa's account of their trip.

_____

einschlafen / ausziehen / abfliegen / anschauen

Unser Lufthansa-Jet _____ am ersten Oktober kurz nach neunzehn Uhr von New York _____. Es war ein kalter, windiger Herbsttag, aber im Flugzeug war es so warm, daß wir gleich unsere Jacken _____. Nach dem Abendessen _____ Susan den Film _____, und ich las ein bißchen und _____ dann bald _____.

_____

ankommen / spazierengehen / aufwachen / abfahren

Als ich wieder _____, waren wir schon über der Bundesrepublik, und eine Stunde später _____ wir in Frankfurt _____. Auf dem Hauptbahnhof hatten wir fast zwei Stunden Zeit, weil der Zug nach Berlin erst um halb elf _____. Wir _____ deshalb ein bißchen _____ und tranken dann im Bahnhofsrestaurant eine Tasse Kaffee.

_____ aufhören / anfangen / abfahren / hineinfahren _____

Kurz bevor der Zug _____, _____ es zu regnen _____. Es regnete auf dem ganzen Weg nach Berlin, und es _____ erst _____, als wir acht Stunden später nach Berlin _____.

_____ anziehen / zusammensitzen / zukommen / ankommen _____

Als wir auf dem Bahnhof Zoologischer Garten _____, _____ ein Typ auf uns _____ und sagte: »Ich bin Michael Körner. Seid ihr vielleicht Lisa Hunt und Susan Perry aus Kansas?« Michael fuhr uns zu unserem Studentenheim, wo wir schnell frische Kleider _____. Dann gingen wir mit Michael in eine Studentenkneipe, _____ dort lange mit ein paar von seinen Freunden _____ und erzählten.

9-4   Vetter David aus Amerika. Supply mixed verbs appropriately in the simple past or as a past participle. Note that one verb is used twice.

_____ erkennen / kennen / wissen / rennen / mitbringen / denken _____

Als ich letztes Jahr in Deutschland war, besuchte ich meine Verwandten in Wiesbaden. Sie _____, daß ich komme, aber sie _____ nicht genau wann. Als ich zu ihrem Haus kam, spielte meine kleine Kusine Andrea im Garten vor dem Haus. Weil sie mich nur von Fotos _____, _____ sie mich nicht, und _____ wohl: »Wer ist denn dieser Mann?« Als ich ihr sagte, wer ich bin, fragte sie gleich: »Was hast du mir _____?« Erst dann _____ sie ins Haus und schrie: »Vetter David aus Amerika ist hier!«

9-5   Der Hase und Igel. Complete the following sentences with the appropriate verbs in the past perfect or simple past tense. Note that the verbs are given in random order.

1. Nachdem der Hase und der Igel ein Goldstück und eine Flasche Schnaps ___gewettet___ ___hatten___, ___ging___ der Igel nach Hause und holte seine Frau. (gehen/wetten)

2. Nachdem die Frau des Igels eine Hose von ihrem Mann _____ _____, _____ sie mit ihrem Mann hinaus aufs Feld. (anziehen/gehen)

3. Nachdem der Igel und seine Frau am unteren Ende des Feldes _____ _____, _____ sich die Frau dort in die Furche. (setzen/ankommen)

4. Nachdem der Igel am oberen Ende des Feldes _____ _____, _____ sofort der Wettlauf. (beginnen/ankommen)

5. Nachdem der Hase dreiundsiebzigmal das Feld hinunter- und wieder _____ _____, _____ er tot zur Erde. (hinaufrennen/stürzen)

6. Nachdem der Igel und seine Frau die Schnapsflasche und das Goldstück _____ _____, _____ sie vergnügt nach Hause. (gehen/einstecken)

9-6   Wo ist Sebastian? Supply the appropriate verbs in the past perfect tense. Note that in one instance the same auxiliary is used for two past participles.

_____

anrufen / warten / versprechen / bekommen
_____

Letztes Wochenende war ich in Hannover, um dort Sebastian Brugger zu besuchen. Sebastian ist ein alter Schulfreund von mir, und er _____ mir am Telefon _____, mich am Samstag Punkt 23.30 Uhr auf dem Bahnhof abzuholen. Aber als mein Zug dann 23.31 Uhr in Hannover ankam, war da kein Sebastian. Nachdem ich fast eine Stunde lang _____ _____ und immer wieder bei ihm _____ und nie Antwort _____ _____, nahm ich endlich ein Taxi und fuhr zu seiner Wohnung.

_____

spazierengehen / kommen / verstehen / vergessen
_____

Als ich dann vor Sebastians Haus stand und den Taxifahrer bezahlte, kam Sebastian um die Ecke. Warum _____ er denn nicht zum Bahnhof _____? _____ er _____, daß er mich abholen sollte? - Nein, aber er _____ am Telefon »Sonntag« statt »Samstag« _____, und _____ deshalb mit seiner Freundin _____.

9-7   Was fehlt hier? Supply the missing principal parts. Write the present tense only if it is irregular.

INFINITIVE	IRR. PRESENT	SIMPLE PAST	PAST PARTICIPLE
halten	hält	hielt	hat gehalten
_____	_____	schrieb	_____
_____	_____	_____	hat gefunden
_____	hilft	_____	_____
_____	_____	_____	hat gewaschen
bleiben	_____	_____	_____
fliegen	_____	_____	_____
_____	_____	_____	hat gelesen
_____	weiß	_____	_____
_____	_____	brachte	_____
_____	ißt	_____	_____

INFINITIVE	IRR. PRESENT	SIMPLE PAST	PAST PARTICIPLE
_____	_____	_____	ist gegangen
fahren	_____	_____	_____
_____	_____	gab	_____
_____	_____	_____	hat geheißen
nehmen	_____	_____	_____
_____	_____	_____	hat gekannt
_____	_____	vergaß	_____
_____	_____	trug	_____
_____	_____	_____	hat geschlafen
trinken	_____	_____	_____
_____	wird	_____	_____
_____	_____	log	_____
verstehen	_____	_____	_____
sprechen	_____	_____	_____
_____	_____	kam	_____

9-8 Die Märchen der Brüder Grimm. In each group supply **wann, wenn,** or **als.**

1. a. Weißt du, _____ die Brüder Grimm gelebt haben?

   b. _____ die Brüder Grimm im Jahr 1807 mit ihrer Märchensammlung begannen, hatten sie gerade ihr Studium beendet.

   c. _____ Dorothea Viehmann den Brüdern Lebensmittel ins Haus brachte, erzählte sie ihnen oft auch ein Märchen.

2. a. _____ wir Kinder waren, erzählte uns unsere Großmutter viele Märchen.

   b. Jedesmal _____ Großmutter zu Besuch kam, mußte sie uns ein Märchen erzählen.

   c. Nachdem Großmutter dann wieder nach Hause gegangen war, fragten wir unsere Eltern immer wieder: »_____ kommt Großmutter denn mal wieder zu Besuch?«

3. a. Rotkäppchen fragte seine Mutter: »_____ darf ich denn endlich mal wieder meine arme, kranke Großmutter besuchen?«

   b. Jedesmal _____ Rotkäppchen die Großmutter besuchte, brachte es ihr Kuchen und Wein.

   c. _____ Rotkäppchen diesmal zur Großmutter kam, lag dort statt der Großmutter ein großer, böser Wolf im Bett.

9-9 Ist das fair? Supply **wann, wenn,** or **als.**

_____ Ingrid und ich miteinander ausgehen wollen, gibt es oft Probleme. So kam sie zum Beispiel gestern abend, _____ ich gerade im Sessel saß und die Zeitung las, zur Tür herein und rief: »_____ bist du denn endlich fertig mit deiner Zeitung? Du weißt doch, daß wir tanzen gehen wollen.« Ich sagte: »_____ ich diesen Artikel fertiggelesen habe, können wir gehen.«

_____ ich den Artikel dann so schnell wie möglich zu Ende gelesen hatte, dachte ich: »_____ Ingrid tanzen gehen will, muß ich alles liegen und stehen lassen. Aber _____ ich mal ausgehen will und sie gerade im Sessel sitzt und einen von ihren Krimis liest, dann muß ich warten, bis sie fertig ist.«

So zum Beispiel letzte Woche, _____ ich mit ihr ins Kino wollte. _____ ich ihr sagte, _____ der Film anfängt und _____ wir wegfahren müssen, antwortete sie: »Wir gehen erst, _____ ich diesen Krimi ausgelesen habe.« Und _____ sie dann endlich fertig war, hatte der Film längst angefangen, und wir blieben zu Hause.

Deshalb saß ich, _____ Ingrid ein paar Minuten später wieder zurückkam, noch immer im Sessel und las meine Zeitung. Und _____ Ingrid sagte: »Aber David, wie kannst du denn einfach weiterlesen, _____ du ganz genau weißt, daß ich mit dir tanzen gehen will?«, da antwortete ich ganz ruhig: »_____ ich letzte Woche mit dir ins Kino wollte, da hast du deinen Krimi gelesen, bis es zu spät war. Aber _____ du tanzen gehen willst, soll ich mitten in einem interessanten Artikel die Zeitung weglegen. Denkst du wirklich, daß das fair ist?«

9-10 *Dessen* oder *deren?* Supply appropriate relative pronouns.

1. Professor Seidlmeyer ist ein Professor, _____ Vorlesungen die meisten Studenten sehr interessant finden.

2. Barbara Frischmuth ist eine Autorin, _____ Erzählungen mich immer wieder faszinieren.

3. Wie heißt der Komponist, _____ Musik du am liebsten hörst?

4. Die Rolling Stones sind die Rockgruppe, _____ Musik mir am besten gefällt.

5. Wer ist denn der Student, _____ Bild gestern in der Zeitung war?

6. Auch Studenten, _____ Eltern nicht viel Geld haben, sollten ein Jahr im Ausland studieren dürfen.

7. Deutsch ist eine Sprache, _____ Grammatik sehr logisch ist.

8. Deutsch und Englisch sind Sprachen, _____ Wörter oft eng miteinander verwandt sind.

9-11 Ein Ferienjob in der Schweiz (I). Supply relative pronouns.

1. Der Tag, an _____ ich in Zürich landete, war sonnig und warm.

2. Der Bekannte meines Vaters, durch _____ ich meinen Ferienjob bekommen hatte, holte mich vom Flughafen ab und brachte mich zu den Leuten, bei _____ ich wohnen sollte.

3. Das Zimmer, in _____ ich wohnte, war klein, aber sehr hell und sehr schön möbliert.

4. Die Leute, bei _____ ich wohnte, hatten zwei nette kleine Söhne, mit _____ ich später an Tagen, an _____ ich nicht arbeiten mußte, oft im Zürichersee schwimmen ging.

5. Die Firma, für _____ ich arbeitete, machte Roboter, für _____ sie in der ganzen Welt viele Kunden hatte.

6. Der Meister, unter _____ ich arbeitete, war ein sehr netter Mann, von _____ ich viel lernte.

7. Durch diesen Meister bekam ich ein tolles Fahrrad, für _____ ich nur hundert Franken bezahlen mußte und mit _____ ich dann im August mit einem Arbeitskollegen zusammen eine Radtour durch die ganze Schweiz machte.

8. Der höchste Paß, über _____ wir fuhren, war der St. Bernhard.

9. Natürlich besuchten wir hier auch das Kloster St. Bernhard, aus _____ die bekannten Bernhardinerhunde stammen.

10. In den Jugendherbergen, in _____ wir übernachteten, trafen wir junge Leute aus aller Welt.

11. Dieser Sommer in der Schweiz war eine Zeit, in _____ ich viel gelernt und gesehen und viele nette Menschen kennengelernt habe.

9-12 Ein Ferienjob in der Schweiz (II). The following sentence pairs mean essentially the same thing. Read sentence *a* and then complete sentence *b* with the appropriate preposition and relative pronoun (see phrase in boldface in sentence *a.*).

1. a. Ich hatte den Ferienjob **durch einen Mann** bekommen, den mein Vater gut kannte.

   b. Der Mann, _____durch den_____ ich den Ferienjob bekommen hatte, war ein guter Bekannter meines Vaters.

2. a. Ich wohnte **bei einer Familie,** die zwei Söhne hatte.

   b. Die Familie, _____ _____ ich wohnte, hatte zwei Söhne.

3. a. Ich arbeitete **für eine Firma,** die Roboter machte.

   b. Die Firma, _____ _____ ich arbeitete, machte Roboter.

4. a. Ich arbeitete **unter einem Meister,** von dem ich sehr viel lernte.

   b. Von dem Meister, _____ _____ ich arbeitete, lernte ich sehr viel.

5. a. **Für das Fahrrad,** das ich mir kaufte, mußte ich nur hundert Franken bezahlen.

   b. Ich kaufte mir ein Fahrrad, _____ _____ ich nur hundert Franken bezahlen mußte.

6. a Im August machte ich **mit einem Arbeitskollegen,** der auch aus Amerika war, eine Radtour durch die ganze Schweiz.

   b. Der Arbeitskollege, _____ _____ ich im August eine Radtour durch die ganze Schweiz machte, war auch aus Amerika.

7. a. Wir übernachteten **in vielen Jugendherbergen** und trafen dort junge Leute aus aller Welt.

   b. In den Jugendherbergen, _____ _____ wir übernachteten, trafen wir junge Leute aus aller Welt.

8. a. **In dieser Zeit** in der Schweiz habe ich viel gelernt und gesehen und viele nette Menschen kennengelernt.

   b. Dieser Sommer in der Schweiz war eine Zeit, _____ _____ ich viel gelernt und gesehen und viele nette Menschen kennengelernt habe.

Kapitel 10

10-1 Ein bißchen kompakter, bitte! (I) Focus on the *receiver* of the action by omitting the doer and by expressing the rest of the sentence in the passive voice. Note that in almost every instance the resulting passive sentence is more natural than its active counterpart.

1. Wann operieren die Ärzte deinen Großvater?

   Wann wird dein Großvater operiert?

2. Der Automechaniker repariert gerade Ihren Wagen, Frau Schmidt.

   _____

3. Warum putzt die Putzfrau mein Zimmer nie?

   _____

4. Bezahlt deine Firma dich gut?

   _____

5. Warum laden deine Freunde mich nie ein?

   _____

6. Der Hausmeister schließt die Bibliothek Punkt 23 Uhr.

   _____

7. Die Sekretärin tippt gerade den Brief an Direktor Berger.

   _____

8. Lesen die Leute diese Zeitung viel?

   _____

9. Nächstes Jahr renoviert die Firma Ostermann unser Rathaus.

   _____

10. Die Leute kaufen diesen Computer viel.

    _____

11. Hoffentlich findet bald jemand deinen Paß.

    _____

12. Wann holt dein Freund dich ab?

    _____

10-2 Ein bißchen kompakter, bitte! (II) Focus on the *receiver* of the action by omitting the doer and by expressing the rest of the sentence in the passive voice. Use the simple past tense. Note that in almost every instance the resulting passive sentence is more natural than its active counterpart.

1. Die Ärzte haben meinen Großvater gestern nachmittag operiert.

   Mein Großvater wurde gestern nachmittag operiert. _____

2. Ein Lastwagen hat den armen Hund überfahren.

   _____

3. Warum haben die Polizisten Herrn Merck verhaftet?

   _____

4. Weißt du schon, daß jemand Peters Fahrrad gestohlen hat?

   _____

5. Hat jemand deine Geldtasche jetzt endlich gefunden?

   _____

6. Warum haben Müllers uns nicht eingeladen?

   _____

7. Warum hat euch die Lehrerin gleich wieder nach Hause geschickt?

   _____

   _____

8. Wann hat Kolumbus Amerika entdeckt?

   _____

9. Über die Entdeckung Amerikas haben Autoren schon viele Bücher geschrieben.

   _____

   _____

10. Viele Übersetzer haben die Märchen der Brüder Grimm in über 140 Sprachen übersetzt.

   _____

   _____

10-3 Kleine deutsche Chronik: 1945-1990. Focus on the *receiver* of the action by omitting the doer(s) and by expressing the rest of the sentence in the passive voice. Use the simple past tense. Note that in almost every instance the resulting passive sentence is more natural than its active counterpart.

1. 1945 teilten die Alliierten Deutschland in vier Besatzungszonen auf.

   1945 wurde Deutschland in vier Besatzungszonen aufgeteilt.

2. Sie teilten auch Berlin in vier Zonen auf.

   _____

3. 1949 schlossen die USA, Großbritannien und Frankreich die drei westlichen Besatzungszonen zur Bundesrepublik Deutschland zusammen.

   _____

   _____

   _____

4. 1961 bauten die Kommunisten die Berliner Mauer und stoppten die Abwanderung der Ostdeutschen in die BRD.

   _____

   _____

   _____

5. Im November 1989 öffneten die Kommunisten die Mauer wieder.

   _____

6. Im nächsten Jahr vereinigten die Regierungen der BRD und der DDR die beiden deutschen Staaten wieder.

   _____

   _____

10-4 Mutti hat Angst vor Ingrids Sommerferien. Tomorrow Ingrid will be home for summer vacation. Because her mother has some rather unpleasant memories about last summer, she makes it clear what she expects to be done and not be done. Using the components given in the impersonal passive, write her list of instructions.

1. jeden Morgen rechtzeitig aufstehen

2. nicht stundenlang unter der heißen Dusche stehen

3. jeden Morgen Punkt halb neun frühstücken

4. nicht den ganzen Vormittag faul herumsitzen

5. manchmal beim Kochen helfen

6. nicht im Wohnzimmer essen

7. nicht stundenlang mit Freunden telefonieren

8. nicht den ganzen Nachmittag fernsehen

9. nicht jeden Abend ausgehen

10. nicht immer erst morgens um zwei oder drei nach Haus kommen

Diesen Sommer . . .

1. wird jeden Morgen rechtzeitig aufgestanden

2. _____

_____

3. _____

4. _____

5. _____

6. _____

7. _____

8. _____

9. _____

10. _____

_____

10-5 Unerwarteter Besuch. An old girlfriend/boyfriend who is passing through town has just called to say that she/he would like to come and visit. Make a list of the things that have to be done before she/he arrives.

1. das Bett / machen

   Das Bett muß gemacht werden.

2. meine Kleider / aufhängen

   _____

3. mein Schreibtisch / aufräumen

   _____

4. das Badezimmer / putzen

   _____

5. die vielen Teller und Tassen / abwaschen

   _____

   _____

6. die Möbel / polieren

   _____

7. der Teppich / staubsaugen

   _____

8. Pizza / kaufen

   _____

9. Bier / aus dem Keller / holen

   _____

10-6 Aus zwei alten Märchen. The following statements describe what happened to the characters in two well-known fairy tales. Rewrite them in the passive voice and mention the agent.

NEUE VOKABELN

der Jäger	*hunter*	**schlachten**	*to butcher*
die Hexe	*witch*	**retten**	*to save*

1. a. Die Mutter schickte Rotkäppchen zur Großmutter.

   Rotkäppchen wurde von der Mutter zur Großmutter geschickt.

   _____

   b. Ein böser Wolf fraß die Großmutter und Rotkäppchen auf.

   _____

   _____

   c. Ein Jäger holte die Großmutter und Rotkäppchen wieder aus dem Bauch des Wolfs heraus.

   _____

   _____

2. a. Die Eltern ließen Hänsel und Gretel ganz allein im Wald zurück.

   _____

   _____

   b. Dort hat eine böse Hexe sie gefangen.

   _____

   c. Die Hexe schloß Hänsel in einen kleinen Stall ein.

   _____

   d. In diesem Stall fütterte die Hexe ihn sehr gut und machte ihn schön fett.

   _____

   _____

   e. Sie hat ihn dann fast geschlachtet und aufgefressen.

   _____

   _____

   f. Aber zum Glück hat seine Schwester ihn im letzten Augenblick gerettet.

   _____

   _____

10-7 Ergänzen Sie! Write the past participles for the infinitives given. Then use the appropriate past participles as adjectives.

a. Was möchten Sie essen und trinken?

mischen	_____	pressen	_____
räuchern	_____	entkoffeinieren	_____
grillen	_____	backen	_____

Ich möchte . . .

ein frisch _____ Brötchen mit Butter und Marmelade.

ein Glas frisch _____ Orangensaft.

eine Tasse _____ Kaffee.

eine Scheibe Brot mit Käse und _____ Lachs.

ein großes _____ Steak

einen Teller _____ Salat.

b. Ingrid macht alles selbst.

pflanzen	_____	backen	_____
brauen	_____	malen	_____
nähen	_____	bauen	_____

Ingrid ißt nur selbst _____ Brot und selbst _____

Gemüse, sie trinkt selbst _____ Bier, und sie trägt auch nur selbst

_____ Kleider. In ihrer Wohnung stehen nur selbst _____

Möbel, und an den Wänden hängen überall selbst _____ Bilder.

10-8 Assoziationen. Change the infinitives to present participles and write phrases that are associated with the four seasons.

Schlittschuh laufen / Kinder	fallen / Schnee	kühlen / Regen
nach Süden fliegen / Vögel	grünen / Gras	glitzern / Eis
fallen / Blätter	nisten / Vögel	baden / Menschen
fotografieren / Touristen	Äpfel pflücken / Bauern	nach Norden fliegen / Vögel

der Frühling

___nach Norden fliegende Vögel___

_____

_____

der Sommer

_____

_____

_____

der Herbst

_____

_____

_____

der Winter

_____

_____

_____

10-9 Wenn ich nur eine andere Zimmerkollegin hätte! Using present-time subjunctive with **nur** or **nur nicht,** write in what ways you wish that your roommate were different than she is.

1. Ich weiß nicht, wo ich ein anderes Zimmer bekommen kann.

   Wenn ich nur wüßte, wo ich ein anderes Zimmer bekommen kann!

2. Meine Zimmerkollegin Sylvia ist so unordentlich.

   _____

   _____

3. Sie hat so doofe Freunde.

   _____

4. Sie kann ihre Hausaufgaben nicht ohne meine Hilfe machen.

   _____

   _____

5. Ich muß alle ihre Referate schreiben.

   _____

   _____

6. Sie wird immer so böse, wenn ich mal keine Zeit für sie habe.

   _____

   _____

7. Sie will immer mein Fahrrad leihen.

   _____

   _____

8. Ich kann nicht nein sagen.

   _____

9. Ich habe keine Zeit, mir ein anderes Zimmer zu suchen.

   _____

   _____

10-10 Fragen und Antworten. Complete the hypothetical part of each response with appropriate subjunctive forms.

1. 〉 Warum nimmt Helga denn keine Klavierstunden?

   〈 Weil sie kein Klavier hat. Wenn sie ein Klavier __hätte__, __würde__ sie bestimmt Klavierstunden __nehmen__.

2. 〉 Warum darf ich denn nicht aufstehen?

   〈 Weil du immer noch Fieber hast. Wenn du kein Fieber mehr _____, _____ du _____.

3. 〉 Warum ladet ihr Kurt nicht ein?

   〈 Weil er sich immer so schlecht benimmt. Wenn er sich besser _____ _____, _____ wir ihn _____.

4. 〉 Warum rufst du denn Brigitte nicht an?

   〈 Weil ich ihre Telefonnummer nicht weiß. Wenn ich ihre Telefonnummer _____, _____ ich sie _____.

5. 〉 Warum nehmt ihr denn die Wohnung nicht?

   〈 Weil sie so teuer ist. Wenn sie nicht so teuer _____, _____ wir sie sofort _____.

6. 〉 Warum besuchen Sie uns denn so selten, Frau Dollinger?

   〈 Weil ich so viel zu tun habe. Wenn ich nicht so viel zu tun _____, _____ ich Sie bestimmt viel öfter _____.

7. 〉 Warum trinken Sie denn nicht noch einen Sherry, Frau Reimer?

   〈 Weil ich Auto fahren muß. Wenn ich nicht Auto fahren _____, _____ ich gern noch einen _____.

8. 〉 Warum lernen Sie denn nicht Auto fahren, Herr Haag?

   〈 Weil ich so nervös bin. Wenn ich nicht so nervös _____, _____ ich gleich Auto fahren _____.

9. 〉 Warum mieten Sie denn nie einen Wagen, wenn Sie in Europa sind?

   〈 Weil ich nicht Auto fahren kann. Wenn ich Auto fahren _____, _____ ich natürlich einen Wagen _____.

10-11 So tun, als (ob) . . . The people described in the following situations are all pretending. Indicate this by concluding each situation with the appropriate sentence from the choices given. Remember to use the subjunctive.

> Sie sieht ihn nicht.
> Er muß den ganzen Nachmittag Hausaufgaben machen.
> Sie schläft.
> Er hat großes Interesse für klassische Musik
> Sie ist immer noch schwer erkältet.
> Er kann sich kaum genug zu essen kaufen.
> Sie hat keinen Hunger.

1. Tanja ist Musikstudentin, und sie liebt die Musik von Bach, Beethoven und Mozart. Bert interessiert sich für Tanja, und er tut deshalb, als _____*hätte er großes Interesse für klassische Musik.*_____

2. Obwohl Herr März ein reicher Mann ist, tut er, als ob _____

   _____

3. Weil Moritz heute nachmittag Muttis Wagen waschen soll, tut er, als ob _____

   _____

   _____

4. Wenn es bei Zieglers Spinat gibt, tut Nina immer, als _____

   _____

5. Sylvia war zwei Wochen in Mainz und hat dort ihren Freund besucht. Heute ist sie zum erstenmal wieder in Professor Maiers Vorlesung. Nach der Vorlesung spricht sie mit dem Professor und tut, als _____

   _____

6. Anna hat Matthias versprochen, ihm die 50 Mark, die er ihr geliehen hat, heute zurückzugeben. Sie hat aber das Geld nicht, und als Matthias in die Cafeteria kommt, schaut sie schnell in ihr Chemiebuch und tut, als _____

   _____

7. Frau Ziegler hat heute abend stundenlang auf ihren Mann gewartet und ist schließlich ins Bett gegangen. Als er endlich spät nachts nach Hause kommt, tut sie, als ob _____

   _____

10-12 Ein bißchen höflicher, bitte! Use the subjunctive to express the following requests more politely.

1. Ist es möglich, mit Professor Weber zu sprechen?

   <u>Wäre es möglich</u>, mit Professor Weber zu sprechen?

2. Darf ich Sie einen Augenblick stören, Frau Professor?

   _____ einen Augenblick stören, Frau Professor?

3. Kannst du diese Briefe für mich zur Post nehmen?

   _____ für mich zur Post nehmen?

4. Können Sie mir sagen, wo die Post ist?

   _____, wo die Post ist?

5. Ich will zehn Briefmarken zu achtzig Pfennig.

   _____ zu achtig Pfennig.

6. Mußt du nicht an deinem Referat arbeiten?

   _____ an deinem Referat arbeiten?

7. Hast du Lust, heute abend mit mir essen zu gehen?

   _____, heute abend mit mir essen zu gehen?

8. Willst du ein Glas Bier?

   _____ ein Glas Bier?

10-13 Machen und machen lassen. All the people in the neighborhood are busy doing things or having them done. Complete the following sentences appropriately.

DIESE LEUTE MACHEN ES SELBST

Helga Kuhn / ihr Wohnzimmer tapezieren
Dieter Schmidt / eine Pergola bauen
Beate Haag / ihr Hochzeitskleid nähen
Frau Spohn / eine Hecke pflanzen

DIESE LEUTE LASSEN ES MACHEN

Langhammers / neue Teppichböden legen
Frau Hofer / ihre Veranda reparieren
Hubers / ihr Haus streichen
Herr Berger / eine Sauna installieren

Langhammers ___lassen neue Teppichböden legen._____

Dieter Schmidt _____

Frau Spohn _____

Herr Berger _____

Helga Kuhn _____

Hubers _____

Beate Haag _____

Frau Hofer _____

Kapitel 11

11-1 Wenn das nur alles nicht passiert wäre! Using past-time subjunctive with **nur nicht** or **nur,** express regret about what happened last night and this morning.

1. Ich bin zu Holgers Party gegangen.

   Wenn ich nur nicht zu Holgers Party gegangen wäre!

2. Ich bin so lange geblieben.

3. Ich habe so viel Wein getrunken.

4. Ich bin erst um drei Uhr morgens nach Hause gekommen.

5. Ich habe meinen Wecker nicht gehört.

6. Der acht Uhr Bus ist mir vor der Nase weggefahren.

7. Ich bin eine Viertelstunde zu spät zur Prüfung gekommen.

8. Ich habe meine Notizen gestern nicht nochmal durchgelesen.

9. Professor Weber hat so schwierige Fragen gestellt.

11-2 Ergänzen Sie! Read the statements of fact under a. Then complete the hypothetical statements under b. according to the example.

1. a. Weil ich so viele Hausaufgaben hatte, bin ich gestern abend nicht ausgegangen.

   b. Wenn ich nicht so viele Hausaufgaben <u>gehabt hätte, wäre ich gestern</u>
   <u>gestern abend ausgegangen.</u>

2. a. Weil Anitas Party so langweilig war, sind wir schon nach einer Stunde wieder nach Hause gegangen.

   b. Wenn Anitas Party nicht so langweilig _____, _____

   _____

   _____

3. a. Weil Robert so schlechte Zensuren hatte, hat er den Computer nicht bekommen.

   b. Wenn Robert keine so schlechten Zensuren _____,

   _____

4. a. Weil ich zwei volle Wochen lang krank war, habe ich Professor Webers Vorlesung heute nicht verstanden.

   b. Wenn ich nicht vierzehn Tage lang krank _____,

   _____

   _____

5. a. Weil Günter so betrunken war, hat er sich schlecht benommen.

   b. Wenn Günter nicht so betrunken _____, _____

   _____

6. a. Weil Silke nicht genug Geld hatte, hat sie das Fahrrad nicht gekauft.

   b. Wenn Silke genug Geld _____, _____

   _____

7. a. Weil es gestern so heiß war, sind wir zum Starnberger See gefahren.

   b. Wenn es gestern nicht so heiß _____, _____

   _____

11-3 Auf englisch, bitte! It is Friday night. Robert Ziegler is lying in bed, thinking about his day. Write his thoughts in English.

NEUE VOKABELN

der Englischaufsatz	*English composition*
sich verprügeln	*to have a fistfight*
nachsitzen	*to stay after class*
die Prügel	*beating up*

Ich hätte heute krank spielen sollen. Dann hätte ich im Bett bleiben dürfen, und Vati hätte mir den Fernseher ans Bett gebracht. Ich hätte den ganzen Tag fernsehen können. Ich hätte den Mathetest nicht schreiben müssen und hätte meinen Englischaufsatz nicht zurückbekommen (Frau Bürger hat mir nämlich eine Vier gegeben!). Ich hätte mich auch nicht mit Kurt Spohn verprügelt und hätte nicht nachsitzen müssen.

Aber wenn ich krank gespielt hätte, hätte ich ja heute abend nicht ins Kino gehen dürfen. Ich hätte auch Aspirin nehmen müssen, und statt Vatis tollem ungarischem Gulasch hätte ich Muttis schreckliche Krankensuppe essen müssen. So habe ich vielleicht doch das Richtige gemacht. Und außerdem hat Kurt die Prügel verdient!

_____

_____

_____

_____

_____

_____

_____

_____

_____

_____

_____

_____

_____

11-4 Ergänzen Sie! Read the statements of fact under a. Then complete the hypothetical statements under b. according to the example.

1. a. Ich hatte nicht viel Geld und konnte das Fahrrad nicht kaufen.

    b . Wenn ich mehr Geld gehabt hätte, _hätte ich das Fahrrad kaufen können._

2. a. Anna ist hat sehr schlechte Zensuren nach Hause gebracht und durfte gestern abend nicht ausgehen.

    b. Wenn Anna keine so schlechten Zensuren nach Hause gebracht hätte,

    _____

    _____

3. a. Frau Staiger ist in der Hochsaison nach Mexiko geflogen und mußte für ihr Flugticket 300 Mark mehr bezahlen.

    b. Wenn Frau Staiger nicht in der Hochsaison nach Mexiko geflogen wäre,

    _____

    _____

4. a. Ich hatte Ralfs Adresse nicht und konnte ihn nicht besuchen.

    b. Wenn ich Ralfs Adresse gehabt hätte, _____

    _____

5. a. Robert hat seine Hausaufgaben nicht gemacht und mußte zwei Stunden lang nachsitzen.

    b. Wenn Robert seine Hausaufgaben gemacht hätte, _____

    _____

6. a. Robert hat seine Hausaufgaben nicht gemacht und durfte nicht mit den anderen Kindern zusammen nach Hause gehen.

    b. Wenn Robert seine Hausaufgaben gemacht hätte, _____

    _____

11-5   Was halten Sie vom Fliegen? (I) Complete the opinions expressed in this survey by the **Institut für Meinungsforschung in Bad Homburg** by supplying the appropriate verb forms, prepositions, and case endings.

1. Angst haben vor (D)

   Ich _habe_ ehrlich gesagt _Angst vor_ d_em_ Fliegen. Heutzutage sind einfach zu viele Maschinen in der Luft. *(Hans Krause, Unterbimbach)*

2. sich verlieben in (A)

   Was ich vom Fliegen halte? Ich finde es toll! Ich _____ _____ im Flugzeug _____ mein___ jetzig___ Frau _____. Sie saß neben mir, wir flogen nach New York, und so fing es an. *(Karl-Heinz Petsch, Baden-Baden)*

3. sich ärgern über (A)

   Ich _____ _____ immer wieder _____ d___ lang___ Wartezeiten auf dem Flughafen. Und bis man erst zum Flughafen kommt! Das braucht alles viel zu viel Zeit! *(Helga Neumann, Plön)*

4. sich aufregen über (A)

   Ich muß _____ immer _____ d___ schlecht___ Essen _____. Das letzte Mal war das Fleisch so zäh, daß ich mir fast die Zähne ausgebissen habe. *(Ilse Motz, Unterammergau)*

5. sich freuen auf (A)

   Also ich muß sagen, ich _____ _____ _____ jed___ Flug, und ich fliege so oft ich kann. *(Markus Huber, Dresden)*

6. lachen über (A)

   Der Service wird immer schlechter. Ich muß immer _____ d___ Versprechungen der Chartergesellschaften _____. Sie versprechen den tollsten Luxus, und in Wirklichkeit sitzt man in diesen Maschinen wie Sardinen in der Dose. *(Suse Wittmer, München-Perlach)*

7. sich interessieren für (A)

   Meine Frau und ich reisen sehr viel, weil wir _____ _____ fremd___ Kulturen _____. Mit dem Flugzeug sind wir in wenigen Stunden in exotischen Ländern. Fliegen ist wunderbar! *(Holger und Bettina Zeuner, Flensburg)*

8. erzählen von (D)

   Ich fliege sehr viel, und ich kann Ihnen die tollsten Geschichten _____ mein___ Flugerlebnisse___ _____. Leider sind es oft richtige Horrorgeschichten. *(Dieter Vogt, Hersfeld)*

11-6 Was halten Sie vom Fliegen? (II) Complete the following opinions about flying by supplying appropriate prepositions and endings. Then use **wo**-compounds or prepositions and pronouns to complete the mini-conversations that follow each opinion.

1. Am meisten ärgert <u>sich</u> Frau Neumann <u>über die</u> lang<u>en</u> Wartezeiten auf dem Flughafen.

   ❭ Wissen Sie, <u>worüber sich</u> Frau Neumann am meisten <u>ärgert</u>?

   ❬ <u>Worüber</u> denn?

   ❭ <u>Über die langen Wartezeiten auf dem Flughafen.</u>_____

2. Frau Motz regt _____ jedesmal _____ d___ schlecht___ Essen auf.

   ❭ Wissen Sie _____ _____ Frau Motz jedesmal so _____?

   ❬ _____ denn?

   ❭ _____

3. Herr Petsch hat _____ bei einem Flug nach New York _____ sein___ jetzig___ Frau verliebt.

   ❭ Wissen Sie, _____ _____ Herr Petsch bei einem Flug nach New York _____ _____?

   ❬ _____ denn?

   ❭ _____ _____

4. _____ d___ Landung hat Herr Krause am meisten Angst.

   ❭ Wissen Sie, _____ Herr Krause am meisten _____ _____?

   ❬ _____ denn?

   ❭ _____ _____

5. Ich muß immer _____ d___ Versprechungen der Chartergesellschaften lachen.

   ❭ Wissen Sie, _____ ich immer lachen muß?

   ❬ _____ denn, Frau Wittmer?

   ❭ _____

6. Diese Horrorgeschichten über das Fliegen weiß ich alle _____ Herr___ Vogt.

   ❭ Wissen Sie, _____ ich alle diese Horrorgeschichten über das Fliegen weiß?

   ❬ _____ denn?

   ❭ _____ _____

11-7   Fragen und Antworten. Respond to the questions in the proper tense using the components given plus **da-**compounds or prepositions and personal pronouns.

1. ❯ Hat Sabine meine Rosen bekommen?

   ❮ Ja, und sie hat <u>sich sehr darüber gefreut.</u> _____
   (sich freuen über / sehr)

   _____

2. ❯ Denkst du, daß Susanne noch kommt?

   ❮ Ich glaube nicht. Wir _____
   (warten auf / schon seit über einer Stunde)

   _____

3. ❯ Warum will Kurt die Prüfung nicht schreiben?

   ❮ Er _____
   (Angst haben vor)

4. ❯ Warum habt ihr denn keinen Korkenzieher mitgebracht?

   ❮ Wir haben _____
   (denken an / nicht)

5. ❯ Stimmt es, daß sich Holger in Helga verliebt hat?

   ❮ Verliebt hat er sich nicht, aber er _____
   (sich interessieren für / sehr)

6. ❯ Warum warst du denn nicht auf Sandras Party?

   ❮ Ich _____
   (wissen von / nichts)

7. ❯ Stimmt es, daß du im Sommer nach Europa fliegst?

   ❮ Ja, und ich _____
   (sich freuen auf / ganz schrecklich)

11-8 **Fragen und Antworten.** Respond to the questions with **da**-compounds and **daß**-clauses.

1. ❯ Hast du mit Anita gesprochen?

   ❮ Ja, und sie <u>wartet darauf, daß du sie anrufst.</u>

   (warten auf / du rufst sie an)

2. ❯ Warum ist Nina so sauer?

   ❮ Sie _____

   (sich ärgern über / sie hat in Mathe nur eine Drei bekommen)

   _____

3. ❯ Was weißt du von deinen Verwandten in Köln?

   ❮ Nicht viel, aber sie _____

   (sich sehr freuen über / es gefällt mir hier so)

   _____

4. ❯ Wie alt wirst du morgen? Achtzehn?

   ❮ Ja, und ich _____

   (sich sehr freuen auf / ich kann endlich tun, was ich will)

   _____

5. ❯ Ist Kurt immer noch nicht zurück?

   ❮ Nein. Hoffentlich _____

   (er / denken an / ich brauche um sechs den Wagen)

   _____

6. ❯ Warum ist Herr Krause denn so deprimiert?

   ❮ Er _____

   (Angst haben vor / seine Frau verläßt ihn)

   _____

7. ❯ Was habt ihr denn gegen Melanie?

   ❮ Gar nichts. Wir sind nur _____

   (gegen / du heiratest sie)

11-9 Synonyme. Find a synonym for each word or expression and write it in the appropriate space.

beinahe	ewig	brav
weshalb	hastig	die Mahlzeit
der Augenblick	der Lohn	die Stellung
genial	Schatz	schließlich
froh	herrlich	darum
ein Paar	es ist vorbei	das stimmt
bereits	probieren	das ist unmöglich
riesig	aufmachen	Laß es dir schmecken!

lieb _____   fast _____

immer _____   versuchen _____

sehr groß _____   warum _____

öffnen _____   schnell _____

das Essen _____   endlich _____

der Moment _____   die Bezahlung _____

die Position _____   brillant _____

Liebling _____   Guten Appetit! _____

glücklich _____   wunderbar _____

deswegen _____   zwei _____

es ist zu Ende _____   das ist richtig _____

das geht nicht _____   schon _____

Hörverständnis

Nadja Krämer
Indiana University

PRENTICE HALL
Englewood Cliffs, New Jersey 07632

Kapitel 1

Vorschau

A. Ein Treffen. Two friends are discussing another friend's visit. Listen carefully to their conversation.

B. Globalverstehen. Listen to the conversation again and circle the appropriate answers.

1. How many people are speaking?
   1   2   3   4   5

2. Which names are mentioned?
   Jeff   Klaus   Danni   Jürgen

3. Which cities are mentioned?
   München   Buffalo   New York   Frankfurt

4. Which months are mentioned?
   Oktober   Juli   August   Mai

5. Which activities are mentioned? Check the ones you hear.

   a. _____ laufen
   b. _____ schwimmen
   c. _____ ins Architekturmuseum gehen
   d. _____ in die USA reisen
   e. _____ zur Textilmesse gehen
   f. _____ in die Studentenkneipe gehen
   g. _____ zum Eishockey gehen
   h. _____ ins Open-Air Kino gehen
   i. _____ Schlittschuh laufen
   j. _____ zum Auslandsamt gehen

C. Richtig oder falsch? Listen to the conversation again and circle the letters of the statements that are correct. Each question may have more than one correct answer. Listen to the dialogue as many times as necessary.

1. Was macht Danni diesen Sommer?
   a. Sie studiert viel für ihr Architekturstudium.
   b. Sie bekommt Besuch und macht viele Dinge mit ihrem Freund Jeff.
   c. Sie fliegt in die USA.
   d. Sie arbeitet in einer Studentenkneipe.

2. Jeff ist…
   a. Amerikaner.
   b. Kanadier.
   c. Deutscher.
   d. Schweizer.

3. Er kommt aus…
   a. Frankfurt.
   b. Toronto.
   c. Buffalo.
   d. New York.

4. Danni und Jeff gehen im Sommer…
   a. zum Segeln.
   b. zum Architekturmuseum.
   c. ins Theater.
   d. in die Studentenkneipe.

5. Jeffs Plan im Herbst ist…
   a. durch Europa zu reisen.
   b. in Frankfurt Architektur zu studieren.
   c. Spanisch zu lernen.
   d. zum Auslandsamt zu gehen.

Funktionen und Formen

● Nouns and pronouns

A. *Der, das* **oder** *die*? You will hear a series of German nouns. Check **der**, **das**, or **die** to indicate the gender of each one. Then say it aloud. Imitate the speaker's pronunciation as closely as possible.

BEISPIEL: [you hear] die Blume

	[you check]	der	das	die
		_____	_____	__✓__

[you say] die Blume

	der	das	die	Sprechen
1.	_____	_____	_____	− − − − −
2.	_____	_____	_____	− − − − −
3.	_____	_____	_____	− − − − −
4.	_____	_____	_____	− − − − −
5.	_____	_____	_____	− − − − −
6.	_____	_____	_____	− − − − −
7.	_____	_____	_____	− − − − −
8.	_____	_____	_____	− − − − −
9.	_____	_____	_____	− − − − −
10.	_____	_____	_____	− − − − −

B. *Ein* **oder** *eine*? You will hear a series of German nouns. Check whether the indefinite article would be **ein** or **eine**. Then say the phrase aloud. Do not write it down!

BEISPIEL: [you hear] die Frau

	[you check]	ein	eine
		_____	__✓__

[you say] eine Frau

	ein	eine	Sprechen
1.	_____	_____	− − − − −
2.	_____	_____	− − − − −
3.	_____	_____	− − − − −
4.	_____	_____	− − − − −
5.	_____	_____	− − − − −
6.	_____	_____	− − − − −
7.	_____	_____	− − − − −
8.	_____	_____	− − − − −
9.	_____	_____	− − − − −
10.	_____	_____	− − − − −

C. Singular oder Plural? You will hear a series of German nouns. Check whether you hear the singular or plural form of the noun.

	SINGULAR	PLURAL			SINGULAR	PLURAL
1.	_____	_____		6.	_____	_____
2.	_____	_____		7.	_____	_____
3.	_____	_____		8.	_____	_____
4.	_____	_____		9.	_____	_____
5.	_____	_____		10.	_____	_____

D. Fragen und Antworten. You will hear a series of questions. Answer with the appropriate personal pronoun and make sure that the verb ending agrees with it.

BEISPIEL: [you hear]   Kommst du mit in die Kneipe?
            [you write]   Ja, ich komme mit in die Kneipe.

1. Ja, _____ _____ heute ins Theater.

2. Ja, _____ _____ zum Grundlsee.

3. Nein, _____ _____ zu Hause.

4. Ja, _____ _____ mit.

5. Nein, _____ _____ meine Arbeit später.

● Questions and negations

E. Was wird gefragt? You will hear a series of questions. Check whether they are yes/no questions or information questions.

BEISPIEL: [you hear]   Wie spät ist es?
            [you check]

	YES/NO QUESTION	INFORMATION QUESTION
	_____	__✓__

	YES/NO QUESTION	INFORMATION QUESTION			YES/NO QUESTION	INFORMATION QUESTION
1.	_____	_____		7.	_____	_____
2.	_____	_____		8.	_____	_____
3.	_____	_____		9.	_____	_____
4.	_____	_____		10.	_____	_____
5.	_____	_____		11.	_____	_____
6.	_____	_____		12.	_____	_____

F. Ja oder Nein? You will hear a series of statements. Form each one into a yes/no question and say it aloud. Do not write it down! Then listen for the correct yes/no question and repeat it after the speaker.

BEISPIEL: [you hear]   Claudia ist sehr nett.
        [you say]   Ist Claudia sehr nett?
        [you hear]   Ist Claudia sehr nett?
        [you repeat] Ist Claudia sehr nett?

1. _____ ?   4. _____ ?

2. _____ ?   5. _____ ?

3. _____ ?   6. _____ ?

G. Ich will mich informieren. You will hear a series of statements. Form appropriate information questions based on those statements.

BEISPIEL: [you hear]   Er studiert Physik.
        [you write]   <u>Was</u> studiert er?

1. _____ kommt zur Party?   5. _____ heißt du?

2. _____ zeigt das Thermometer? 6. _____ ist Michael?

3. _____ geht ihr?   7. _____ kommt ihr?

4. _____ kommt sie?

H. Fragen und Antworten. You will hear a series of statements. Write questions that make sense in the context (several questions are possible). For each statement, the numbers in parentheses tell you how many possibilities there are. Write at least two questions and say them aloud.

BEISPIEL: [you hear]   Ruth arbeitet morgen in der Bibliothek.
[you could write]   Wer arbeitet morgen in der Bibliothek?
              oder
        Was macht Ruth morgen in der Bibliothek?
              oder
        Wo arbeitet Ruth morgen?

1. _____ ? (5)

   _____ ?

2. _____ ? (4)

   _____ ?

3. _____ ? (4)

   _____ ?

4. _____ ? (4)

   _____ ?

5. _____ ? (5)

I. Total negativ. You will hear a series of questions. Respond negatively using **kein** or **nicht** and saying your answer aloud. Then repeat the correct negative response after the speaker.

BEISPIEL: [you hear]   Geht ihr in die Kneipe?
              [you say]   Nein, wir <u>gehen nicht in die Kneipe</u>.

1. Nein, ich _ _ _ .

2. Nein, sie _ _ _ _ .

3. Nein, das _ _ _ . Das ist ein Bierglas.

4. Nein, Stefan _ _ _ .

5. Nein, das _ _ _ . Das ist eine Lilie.

● Zusammenschau

A. Wir lernen einander kennen. Jeff is eating alone in the university cafeteria when Klaus sits down at his table. Listen carefully to their conversation.

B. Wer sagt das? Listen to the conversation again. Check the name of the person who says the following words or phrases.

	Jeff	Klaus
1. Ist der Platz noch frei?	_____	_____
2. bitte	_____	_____
3. den ganzen Tag	_____	_____
4. Bibliothek	_____	_____
5. Anfang Juli	_____	_____
6. reisen	_____	_____
7. lernen	_____	_____
8. Semester	_____	_____
9. Urlaub machen	_____	_____
10. Hundewetter	_____	_____
11. nach Hause	_____	_____
12. nächste Woche	_____	_____

C. Logisch oder unlogisch? You will hear a series of questions. Decide whether the answers you see are logical or illogical and check the appropriate column.

BEISPIEL: [you hear]   Woher kommst du?
             [you see]   Ich komme aus Buffalo.
             [you check]   logisch   unlogisch
                                ✓

	logisch	unlogisch
1. Ja, setz dich doch bitte.	_____	_____
2. Die Nummer ist 069/84 14 68	_____	_____
3. Ich bin im vierten Semester.	_____	_____
4. Ich studiere an der Universität Frankfurt.	_____	_____
5. Ich studiere Biologie.	_____	_____
6. Ja, ich bin seit Juli in Deutschland.	_____	_____

D. Noch einmal einander kennenlernen. Listen again to the conversation between Jeff and Klaus. Circle the letters of the statements that are correct. Each question may have more than one correct answer. Listen to the dialogue as many times as necessay.

1. Jeff und Klaus sehen einander…
   a. in der Bibliothek.
   b. in der Mensa.
   c. im Café.

2. Klaus studiert…
   a. den ganzen Tag in der Bibliothek.
   b. Biologie.
   c. in Spanien.

3. Jeff reist…
   a. oft nach Hause zu seiner Familie in Buffalo.
   b. nicht und studiert sehr viel.
   c. in zwei Wochen durch ganz Europa.

4. Klaus macht…
   a. bald Zwischenprüfung.
   b. Kaffee.
   c. im Januar mit Freunden Urlaub im Süden.

5. Klaus fragt Jeff,…
   a. ob er mit in den Süden fahren will.
   b. ob er mit in die USA fahren kann.
   c. wie seine Telefonnummer ist.

● Zur Aussprache

A. Buchstabieren. You will hear a series of words spelled in German. Listen carefully and write the letters you hear. After you have written each word, go back and capitalize the first letter if it is a noun.

BEISPIEL: [you hear]   h-i-m-m-e-l
              [you write]   Himmel

1. _____   6. _____
2. _____   7. _____
3. _____   8. _____
4. _____   9. _____
5. _____   10. _____

B. Nachsprechen. Listen carefully and repeat the sounds you hear.

BEISPIEL: [you hear]   noch
              [you say]   noch

1. _ _ _   7. _ _ _
2. _ _ _   8. _ _ _
3. _ _ _   9. _ _ _
4. _ _ _   10. _ _ _
5. _ _ _   11. _ _ _
6. _ _ _   12. _ _ _

C. Buchstabieren und nachsprechen. You will hear a series of words spelled in German. Write them down; then try to imitate the speaker's pronunciation

BEISPIEL: [you hear]   f-ü-n-f
              [you write]   fünf
              [you hear]   fünf
              [you say]   fünf

Schreiben   Nachsprechen

1. _____   _ _ _
2. _____   _ _ _
3. _____   _ _ _
4. _____   _ _ _
5. _____   _ _ _
6. _____   _ _ _
7. _____   _ _ _
8. _____   _ _ _

Kapitel 2

Vorschau

A. Ein Familientreffen. Stephanie has arrived from Chicago and meets her German cousins for the first time. Listen carefully to the following conversation.

B. Globalverstehen. Listen to the conversation again and circle the correct answer.

1. How many people are involved in the conversation?

   2   3   4   5

2. Which names are mentioned?

   a. Frau Steiner

   b. Stephanie

   c. Michael

   d. Herr Steiner

   e. Martina

3. What time is it?

   a. 8 Uhr

   b. 10 Uhr

   c. 14 Uhr

   d. 18 Uhr

4. What will Stephanie and her cousins do first?

   a. Sie tragen die Koffer.

   b. Sie essen etwas.

   c. Sie kaufen ein Saxophon.

   d. Sie gehen zu einer Party.

5. What will they do in the afternoon?

   a. Sie kochen ein gutes Essen.

   b. Sie fliegen nach Chicago.

   c. Sie schlafen ein paar Stunden.

   d. Sie machen zusammen Musik.

C. Ein Familientreffen. Listen to the conversation again. Then write the answers to the following questions.

1. Was sagt Stephanie über ihren Flug? (2 Dinge minimum)

   a. _____

   b. _____

   c. _____

   d. _____

2. Warum kann Stephanie nicht ins Bett gehen?

   _____

3. Was ißt Stephanie gern am Morgen?

   _____

4. Was essen und trinken Martina und Michael morgens oft? (4 Dinge minimum)

   a. _____

   b. _____

   c. _____

   d. _____

   e. _____

   f. _____

   g. _____

5. Welche Instrumente spielen Stephanie, Martina und Michael?

   Stephanie: _____

   Martina: _____

   Michael: _____

6. Wer kommt am Nachmittag?

   _____

7. Was machen alle am Nachmittag?

   _____

Funktionen und Formen

● Nominative and Accusative Case

A. Subjekt: Was ist das? You will hear a series of statements and questions. Write down the subject of each sentence.

1. _____   6. _____

2. _____   7. _____

3. _____   8. _____

4. _____   9. _____

5. _____   10. _____

B. Nominativ oder Akkusativ? You will hear a series of statements and questions. Use a check to indicate whether the elements you hear are in the nominative or the accusative case.

BEISPIEL: [you hear]   Die weißen Lilien kauft Michael.
           [you check] NOMINATIVE   ACCUSATIVE
             die Lilien   _____   __✓__
             Michael   __✓__   _____

	NOMINATIVE	ACCUSATIVE			NOMINATIVE	ACCUSATIVE
1. Opa	_____	_____	6.	Frau Ziegler	_____	_____
Kaffee	_____	_____		Mittagessen	_____	_____
Tee	_____	_____	7.	es	_____	_____
2. Thomas	_____	_____		Milch	_____	_____
Haus	_____	_____	8.	wen	_____	_____
3. du	_____	_____		das Kind	_____	_____
Auto	_____	_____	9.	Zieglers	_____	_____
4. Klaus	_____	_____		Oma	_____	_____
Salami	_____	_____	10.	Sabine	_____	_____
5. wer	_____	_____		Rock	_____	_____
Koffer	_____	_____		Schuhe	_____	_____
				Bluse	_____	_____

C. Was bringst du? Gregor is moving to Madison, Wisconsin, where he will study for two semesters. His friends ask him about the things he might need or want to bring along for his stay. Listen to the questions and confirm what he'll take with him by answering aloud. Then listen for the correct response and repeat it after the speaker.

BEISPIEL: [you hear] Brauchst du einen Pullover?
  [you say] Ja, ich brauche einen Pullover.
  [you hear] Ja, ich brauche einen Pullover
  [you repeat] Ja, ich brauche einen Pullover.

1. Ja, _ _ _   5. Ja, _ _ _

2. Ja, _ _ _   6. Ja, _ _ _

3. Ja, _ _ _   7. Ja, _ _ _

4. Ja, _ _ _   8. Ja, _ _ _

D. Was sagen Sie? You will hear a series of questions. Answer using the accusative object and appropriate adjective endings following the clues provided. Then listen for the correct response and repeat it after the speaker.

BEISPIEL: [you hear] Was brauchen Sie morgens?
  [your clue] stark-/Kaffee
  [you say] Ich brauche starken Kaffee.
  [you hear] Ich brauche starken Kaffee.
  [you repeat] Ich brauche starken Kaffee.

1. (gut-/Wein)   _ _ _

2. (kalt-/Wasser)   _ _ _

3. (einen/schwarz-/Anzug)   _ _ _

4. (eine/billig-/Wohnung)   Ja, _ _ _

5. (meine/nett-/Großeltern)   _ _ _

E. der-Wörter. You will hear a series of statements. Listen carefully and replace the definite articles with der-words in the clues. Then listen for the correct response and repeat it after the speaker.

BEISPIEL: [you hear] Das Buch ist sehr interessant.
  [your clue] dies-
  [you say] Dieses Buch ist sehr interessant.
  [you hear] Dieses Buch ist sehr interessant.
  [you repeat] Dieses Buch ist sehr interessant.

1. (jed-)   _ _ _   4. (jed-)   _ _ _

2. (dies-)   _ _ _   5. (solch-)   _ _ _

3. (manch-)   _ _ _   6. (welch-)   _ _ _

● Verben

F. Wie heißt der Infinitiv? You will hear a series of verb forms. Listen carefully and say the infinitive form of each one. Then listen for the correct response and repeat it after the speaker.

BEISPIEL: [you hear] läßt
  [you say] lassen
  [you hear] lassen
  [you repeat] lassen

1. _ _ _

2. _ _ _

3. _ _ _

4. _ _ _

5. _ _ _

6. _ _ _

7. _ _ _

G. Konjugieren Sie! You will hear a series of verbs in the infinitive form. Listen carefully and write the second and third person forms of each infinitive.

BEISPIEL: [you hear] sehen
  [you write] 2ND/SINGULAR 3RD/SINGULAR
  du siehst er, es, sie sieht

	2ND/SINGULAR du	3RD/SINGULAR er, es, sie		2ND/SINGULAR du	3RD/SINGULAR er, es, sie
1.			9.		
2.			10.		
3.			11.		
4.			12.		
5.			13.		
6.			14.		
7.			15.		
8.					

H. Welche Verbformen sind das? You will hear a series of verb forms. Listen carefully and decide the person and number of each one; then check the approriate column(s). More than one answer is sometimes possible.

| | SINGULAR | | | PLURAL | | | |
	1st ich	2nd du	3rd er, es, sie	1st wir	2nd ihr	3rd sie	Sie
1.	____	____	____	____	____	____	____
2.	____	____	____	____	____	____	____
3.	____	____	____	____	____	____	____
4.	____	____	____	____	____	____	____
5.	____	____	____	____	____	____	____
6.	____	____	____	____	____	____	____
7.	____	____	____	____	____	____	____
8.	____	____	____	____	____	____	____
9.	____	____	____	____	____	____	____
10.	____	____	____	____	____	____	____
11.	____	____	____	____	____	____	____
12.	____	____	____	____	____	____	____
13.	____	____	____	____	____	____	____
14.	____	____	____	____	____	____	____
15.	____	____	____	____	____	____	____

• gern/lieber

I. Gern oder lieber. You will hear a series of statements. Check what each person likes to do or what (s)he prefers to do.

BEISPIEL: [you hear]   Ich trage gern Röcke, aber ich trage Jeans lieber.

[you check]	gern	lieber
Röcke tragen	✓	
Jeans tragen		✓

	gern	lieber
1. a. ein Buch lesen	_____	_____
b. ins Kino gehen	_____	_____
2. a. Spaghetti essen	_____	_____
b. Pizza essen	_____	_____
3. a. Onkel Franz besuchen	_____	_____
b. Oma Maid sehen	_____	_____
4. a. zu Hause kochen	_____	_____
b. in ein Restaurant gehen	_____	_____
5 a. lernen	_____	_____
b. nichts machen	_____	_____

J. Was machst du gern? You will hear several sets of words. For each set, say which thing or activity you like using **gern** and the clues given.

beispiel: [you hear]   Karten   Schach   Dame
         [your clue]   spielen
         [you say]   Ich spiele gern Karten.
                 oder
            Ich spiele gern Schach.
                 oder
            Ich spiele gern Dame.

1. (hören)   _ _ _   4. (tragen)   _ _ _

2. (gehen)   _ _ _   5. (spielen)   _ _ _

3. (essen)   _ _ _   6. (trinken)   _ _ _

K. Was machst du lieber? Listen to the same sets of words again. Now write what you prefer to do using **lieber** and the clues given.

beispiel: [you hear]   Karten   Schach   Dame
            [your clue]   spielen
            [you write]   Ich spiele gern _____, aber ich spiele lieber _____.

1. (hören) _____ , aber _____.

2. (gehen) _____ , aber _____.

3. (essen) _____ , aber _____.

4. (tragen) _____ , aber _____.

5. (spielen) _____ , aber _____.

6. (trinken) _____ , aber _____.

Zusammenschau

A. Ein Familientreffen. Stephanie gets to meet her large German family for the first time at a family gathering. Listen carefully to their conversation.

B. Ein Familientreffen. Now listen again and check only the words you hear.

1. _____ schrecklich müde

2. _____ besuchen

3. _____ kochen

4. _____ studieren

5. _____ Zwischenprüfung

6. _____ ein bißchen

7. _____ Schwester

8. _____ Geschwister

9. _____ mollig

10. _____ interessant

11. _____ Mantel

12. _____ Delikatessen

13. _____ segeln

14. _____ regnen

15. _____ erzählen

C. Was bedeutet das? Listen to the conversation a third time. Try to guess the meanings of the underlined words. Pay attention to the context in which they are used, and whether they are similar to English words (cognates) or if you already know the root of the word. Write your guesses down.

1. im Dezember <u>zu Weihnachten</u> _____

2. die <u>restliche</u> Zeit _____

3. Wann bist du denn <u>mit dem Studium fertig</u>? _____

4. <u>laute</u> Musik _____

5. Da ist das Wetter <u>besser</u>. _____

6. Meine Eltern sind gern <u>am Wasser</u>. _____

7. Wann siehst du deine Eltern <u>wieder</u>? _____

D. Ein Familientreffen. Listen to the conversation one more time and circle the correct answer.

1. Wo lebt Stephanie in den Vereinigten Staaten?
   a. Chicago
   b. Köln
   c. Austin, Texas
   d. Florida

2. Was studiert Stephanie?
   a. Biologie
   b. Physik
   c. Architektur
   d. Germanistik

3. Was macht sie vielleicht in einem Jahr?
   a. vielleicht reist sie.
   b. vielleicht macht sie nichts.
   c. vielleicht arbeitet sie.
   d. vielleicht studiert sie.

4. Hat Stephanie Geschwister?
   a. Ja, eine Schwester.
   b. Ja, einen Bruder.
   c. Ja, einen Bruder und eine Schwester.
   d. Nein, sie hat keine Geschwister.

5. Stephanies Eltern arbeiten…
   a. nur am Wochenende.
   b. sehr viel.
   c. 35 Stunden in der Woche.
   d. in Kalifornien.

6. Was machen ihre Eltern gern?
   a. Sie segeln gern.
   b. Sie spielen gern Federball.
   c. Sie schwimmen gern.
   d. Sie gehen gern ins Kino.

7. Stephanie fliegt…
   a. am Samstag nach Köln.
   b. in einem Jahr in die USA zurück.
   c. nächste Woche nach Florida.
   d. Mitte Dezember für zwei Wochen nach Chicago.

Zur Aussprache

A. *ei* oder *ie*? Listen carefully and circle the letters preceding all words that contain the **ei** sound.

  1.   a   b   c   4.   a   b   c

  2.   a   b   c   5.   a   b   c

  3.   a   b   c

B. Nachsprechen: *ei*. Listen carefully and repeat the words you hear.

  1. _ _ _   5. _ _ _

  2. _ _ _   6. _ _ _

  3. _ _ _   7. _ _ _

  4. _ _ _   8. _ _ _

C. *ei* oder *ie*? Listen carefully and circle the letters preceding all words that contain the **ie** sound.

  1.   a   b   c   4.   a   b   c

  2.   a   b   c   5.   a   b   c

  3.   a   b   c

D. Nachsprechen: *ie*. Listen carefully and repeat the words you hear.

  1. _ _ _   5. _ _ _

  2. _ _ _   6. _ _ _

  3. _ _ _   7. _ _ _

  4. _ _ _   8. _ _ _

E. Diktat. Write down the words you hear.

  1. _____   6. _____

  2. _____   7. _____

  3. _____   8. _____

  4. _____   9. _____

  5. _____   10. _____

Kapitel 3

Vorschau

A. Reisepläne. Stephanie needs to inquire about train schedules in order to make travel arrangements. Listen carefully to her telephone conversation.

B. Globalverstehen. Listen to the conversation again and answer the following questions.

1. Wo fährt Stephanie ab?

   _____

2. Wohin möchte Stephanie fahren?

   _____

3. Wann möchte Stephanie fahren?

   _____

4. Wieviel kostet die Fahrkarte normal?

   _____

5. Wieviel kostet die Studentenfahrkarte?

   _____

6. Was für einen Platz möchte Stephanie?

   _____

C. Uhrzeiten. Listen to the conversation a third time and write down the departure and arrival times of the trains.

	Köln ab	Frankfurt	München an
1.	_____		_____
2.	_____		_____
3.	_____	an: _____	
		ab: _____	_____
4.		oder: _____	_____

D. Was bedeutet das? Listen to the conversation one more time. Try to guess the meaning of the underlined words. Pay attention to the context in which they are used, whether they are similar to English words (cognates) or whether you already know the root of the word. Write your guesses down.

1. <u>Ankunft</u> in München _____

2. mit <u>Umsteigen</u> in Frankfurt _____

3. <u>Weiterfahrt</u> nach München _____

4. 12 DM <u>Zuschlag</u> _____

5. <u>Studentenermäßigung</u> _____

6. eine <u>Reservierung</u> machen _____

7. <u>Raucher</u> oder Nicht-Raucher _____

8. Möchten Sie einen <u>Fensterplatz</u>? _____

Funktionen und Formen

● Separable-Prefix Verbs

A. Präsens oder Infinitiv? You will hear a series of statements. Listen carefully and check whether the separable-prefix verb is in the present tense or in the infinitive form.

BEISPIEL: [Sie hören] Wir gehen morgen spazieren.
[Sie markieren] PRESENT TENSE INFINITIV
_____✓_____ _____

PRESENT TENSE	INFINITIVE		PRESENT TENSE	INFINITIVE
1. _____	_____	6. _____	_____	
2. _____	_____	7. _____	_____	
3. _____	_____	8. _____	_____	
4. _____	_____	9. _____	_____	
5. _____	_____	10. _____	_____	

B. Trennbare Verben. Now listen to the statements again and write down all separable-prefix verbs you hear in the infinitive form.

1. _____   6. _____

2. _____   7. _____

3. _____   8. _____

4. _____   9. _____

5. _____   10. _____

C. Was machen Sie heute? You will hear a series of questions. Answer them aloud, using a separable-prefix verb and following the clues provided.

1. (ausschlafen und erst um 12 Uhr aufstehen)
2. (anfangen das Frühstück zu machen)
3. (ein Referat fertigschreiben und später im Park spazierengehen)
4. (Freunde anrufen)
5. (mit Freunden ausgehen)

● **Imperatives**

D. Imperative oder Fragen? You will hear a series of imperatives and yes/no questions. Both of these constructions have the verb in first position. Listen carefully and repeat what you hear. Then indicate whether you hear a command or a yes/no question. Use the speaker's intonation to help you. Check the appropriate column.

BEISPIEL: [Sie hören]   Bringst du eine Flasche Mineralwasser mit?
           [Sie markieren]   IMPERATIVE   JA/NEIN FRAGE
                      _____   ✔

	NACHSPRECHEN	IMPERATIV	JA/NEIN FRAGE
1.	_ _ _	_____	_____
2.	_ _ _	_____	_____
3.	_ _ _	_____	_____
4.	_ _ _	_____	_____
5.	_ _ _	_____	_____
6.	_ _ _	_____	_____
7.	_ _ _	_____	_____
8.	_ _ _	_____	_____
9.	_ _ _	_____	_____
10.	_ _ _	_____	_____
11.	_ _ _	_____	_____
12.	_ _ _	_____	_____

E. Welcher Imperativ ist es? You will hear a series of imperatives. Check whether the form you hear is the singular/informal **du**-form, the plural/informal **ihr**-form, or the formal **Sie**-form.

SINGULAR/INFORMAL **du**-FORM	PLURAL/INFORMAL **ihr**-FORM	FORMAL **Sie**-FORM
1. _____	_____	_____
2. _____	_____	_____
3. _____	_____	_____
4. _____	_____	_____
5. _____	_____	_____
6. _____	_____	_____
7. _____	_____	_____
8. _____	_____	_____
9. _____	_____	_____
10. _____	_____	_____

F. Geben Sie jetzt die Befehlsformen. You will hear a series of statements. Answer aloud, using imperative forms and the clues provided. Then listen for the correct response and repeat it after the speaker.

BEISPIEL: [Sie hören]   Wir haben großen Durst!
        [Sie sehen]   (trinken) _ _ _ doch etwas, Kinder!
   [Sie antworten]   <u>Trinkt</u> doch etwas, Kinder!
        [Sie hören]   Trinkt doch etwas, Kinder!
[Sie wiederholen]   Trinkt doch etwas, Kinder!

1. (fragen) _ _ _ doch Professor Klein, Peter.

2. (nachsehen) _ _ _ mal unter dem Sofa _ _ _ !

3. (geben) _ _ _   _ _ _ mir bitte ein Glas Wasser, Frau Keller!

4. (essen) _ _ _ den Kuchen jetzt noch nicht, Gabi!

5. (wiederkommen) _ _ _   _ _ _ bald _ _ _ !

6. (geben) _ _ _ mir deine neue Adresse, Stephanie!

7. (sein) _ _ _ doch nicht so nervös, Richard!

8. (einkaufen) _ _ _ ja _ _ _, Hans und Franz!

● Modal Verbs

G. Modalverben. You will hear a series of questions. Answer each question. Then listen for the correct response and repeat it after the speaker.

BEISPIEL: [Sie hören]   Kannst du Ski fahren?
                [Sie sehen]   Ja, ich _ _ _ _ Ski fahren.
          [Sie antworten]   Ja, ich kann Ski fahren.
                [Sie hören]   Ja, ich kann Ski fahren.
       [Sie wiederholen]   Ja, ich kann Ski fahren.

1. Er _ _ _ sein Referat fertigschreiben.

2. Sie _ _ _ ein neues Fahrrad.

3. Er _ _ _ seine Eltern anrufen.

4. Er _ _ _ keine Kartoffeln und keine Nudeln.

5. Sie _ _ _ kein Gemüse und keinen Salat.

6. Sie _ _ _ noch nicht Auto fahren. Sie ist erst sechzehn.

7. Sie _ _ _ keinen Kaffee trinken.

8. Sie _ _ _ lieber einen guten Wein trinken.

9. Nein, sie _ _ _ schon um 20 Uhr 30 ins Bett.

10. Ja, Karl _ _ _ bis um Mitternacht ausgehen.

H. Modalverben: Schreiben. You will hear a series of questions. Complete each response by writing the correct form of the modal verb used in the question.

BEISPIEL: [Sie hören]   Kannst du heute nachmittag einkaufen?
         [Sie sehen]   Ja, ich _____ gegen drei einkaufen.
     [Sie schreiben]   Ja, ich kann gegen drei einkaufen.

1. Ja, wir _____ ausgehen.

2. Nein, ich _____ es noch nicht fahren.

3. Ja, Klaus und ich _____ da arbeiten.

4. Nein, ich _____ nicht lernen. Ich habe morgen frei.

5. Nein, ihr _____ nicht später essen. Punkt zwölf gibt es Mittagessen.

6. Ich _____ mitkommen, aber ich habe keine Zeit.

7. Ja, ich _____ es trinken.

8. Nein, wir _____ kein Fleisch. Wir sind Vegetarier.

9. Ja, wir _____ früh aufstehen. Unser Zug fährt um Viertel vor acht ab.

10. Ja, das _____ ich. Ich habe aber erst um 6 Uhr Zeit.

I. Modalverben: Schreiben. You will hear a series of questions. Complete each statement by writing the correct form of the modal verb that makes sense according to the context.

BEISPIEL: [Sie hören]   Wollen Sie dieses Auto kaufen?
                   [Sie sehen]   Ich möchte es kaufen, aber ich _____ es nicht
                                    bezahlen.
          [Sie schreiben]   Ich möchte es kaufen, aber ich kann es nicht
                                    bezahlen.

1. Ich _____ sie leider nicht machen. Ich habe keine Zeit.

2. Klaus _____ sie gar nicht, aber ich finde sie ganz nett.

3. Ja, sie _____ in drei Wochen kommen.

4. Ja, aber ihr _____ doch nichts Süßes vor dem Mittagessen essen.

5. Ihr _____ bis Mitternacht ausgehen, aber dann _____ ihr zu Hause sein.

Zusammenschau

A. Reisepläne. Stephanie is discussing her travel arrangements and her move to Munich with her German cousins Martina and Michael. Listen carefully to their conversation.

B. Vokabeln. Listen to the conversation again and check only the words you hear.

1. _____ so früh   7. _____ Becher Joghurt

2. _____ Koffer packen   8. _____ vorhaben

3. _____ einen Brief schreiben   9. _____ ankommen

4. _____ Wie spät ist es?   10. _____ abends

5. _____ eine Scheibe Brot   11. _____ frei

6. _____ Wurst   12. _____ Bahnhof

C. Was ist hier die Reihenfolge? Listen to the conversation a third time and number the German expressions below to show the sequence in which they occur.

_____ Laßt uns das so machen.

_____ Es ist ja auch erst halb neun.

_____ Ich freue mich schon.

_____ Frühstück ist die wichtigste Mahlzeit am Tag.

_____ Ich fahre zum Hauptbahnhof.

D. Reisepläne. Listen to the conversation one more time. Circle the letters of the statements that are correct. Listen to the conversation as many times as necessary. Each question may have more than one correct response.

1. Was muß Stephanie noch alles machen?
   a. Sie muß Koffer packen.
   b. Sie muß ihrer Freundin einen Brief schreiben.
   c. Sie muß ihre Fahrkarte abholen.
   d. Sie muß das Frühstück machen.

2. Was möchte Stephanie essen?
   a. Sie möchte nichts essen, denn sie hat keinen Hunger.
   b. Sie möchte ein Brötchen mit Butter und Marmelade.
   c. Sie möchte eine Schüssel Müsli und einen Becher Joghurt.
   d. Sie möchte eine Scheibe Brot mit Käse essen.

3. Was hat Stephanie heute nachmittag vor?
   a. Sie geht im Park spazieren.
   b. Sie holt ihre Fahrkarte ab.
   c. Sie trinkt einen Kaffee.
   d. Sie ruft ihre Freundin Claudia an.

4. Was macht Stephanie am Freitag in München?
   a. Sie geht mit Claudia und Martin in eine Kneipe.
   b. Sie macht mit Claudia einen Stadtbummel.
   c. Sie holt Claudia von der Arbeit ab.
   d. Sie geht mit Claudia und Martin im Englischen Garten spazieren.

5. Was schlägt Martina vor?
   a. Sie sollen alle nur wenig zu Mittag essen.
   b. Michael und sie kochen das Abendessen für die ganze Familie.
   c. Die ganze Familie soll in ein Restaurant gehen.
   d. Die ganze Familie bringt eine gute Flasche Wein an den Bahnhof.

Zur Aussprache

A. Vokal *a*. Repeat the words you hear and indicate whether the vowel **a** is long or short.

BEISPIEL: [Sie hören]   Staat
    [Sie wiederholen]   Staat
        [Sie markieren]   LANG   KURZ
                                           ✔

	LANG	KURZ			LANG	KURZ
1. _ _ _	____	____		4. _ _ _	____	____
2. _ _ _	____	____		5. _ _ _	____	____
3. _ _ _	____	____		6. _ _ _	____	____

B. Vokal *e*. Repeat the words you hear and indicate whether the vowel **e** is long or short.

	LANG	KURZ			LANG	KURZ
1. _ _ _	____	____	4. _ _ _		____	____
2. _ _ _	____	____	5. _ _ _		____	____
3. _ _ _	____	____	6. _ _ _		____	____

C. Vokal *i*. Repeat the words you hear and indicate whether the vowel **i** is long or short.

	LANG	KURZ			LANG	KURZ
1. _ _ _	____	____	4. _ _ _		____	____
2. _ _ _	____	____	5. _ _ _		____	____
3. _ _ _	____	____	6. _ _ _		____	____

D. Vokal *o*. Repeat the words you hear and indicate whether the vowel **o** is long or short.

	LANG	KURZ			LANG	KURZ
1. _ _ _	____	____	4. _ _ _		____	____
2. _ _ _	____	____	5. _ _ _		____	____
3. _ _ _	____	____	6. _ _ _		____	____

E. Sprechen. Look at the following words and try to pronounce them. Think of spelling rules that help you determine the sound of the vowel (stressed or unstressed).

1. Saat
2. hacken
3. Kamm
4. Bahn
5. Beet
6. wenn
7. Bett
8. wen

9. Miete
10. Mitte
11. List
12. in
13. Ofen
14. Moos
15. Tonne
16. offen

Kapitel 4

Vorschau

A. Ein freier Tag. Claudia and Martin are talking on the telephone about their plans for the day. Listen carefully to their conversation.

B. Wer spricht? Listen to the telephone conversation between Claudia and Martin again. Check who says the following words.

	CLAUDIA	MARTIN
1. anrufen	_____	_____
2. müde	_____	_____
3. in einer Stunde abholen	_____	_____
4. zu Mittag essen	_____	_____
5. Lust haben	_____	_____
6. Bilder	_____	_____
7. anschauen	_____	_____
8. vielleicht	_____	_____
9. angeln	_____	_____
10. Geld ausgeben	_____	_____

C. Richtig oder falsch? Listen to the telephone conversation between Claudia and Martin a third time. Circle the letters of the statements that are correct. Listen to the conversation as many times as necessary. Each statement may have more than one possible completion.

1. Claudia sagt, daß sie…
   a. lange schläft.
   b. früh aufsteht.
   c. jetzt Hunger hat.

2. Martin antwortet, daß er…
   a. Durst hat.
   b. Hunger hat.
   c. pünktlich kommen will.

3. Martins Pläne sind…
   a. zusammen ins Deutsche Museum zu gehen.
   b. zusammen Ferien zu machen.
   c. zusammen Bilder zu machen.

4. Claudia möchte lieber…
   a. in die Alte Pinakothek gehen.
   b. die Bilder von Rembrandt ansehen.
   c. eine Radwanderung machen.

5. Martin sagt Claudia, daß er…
   a in den Englischen Garten gehen will.
   b. später noch einmal anruft.
   c. sie in einer Stunde abholt.

6. Claudia und Martin planen…
   a. im Eisbach zu schwimmen.
   b. zu angeln und spazierenzugehen.
   c. später in ein teures Restaurant zum Abendessen zu gehen.

D. Logisch oder unlogisch? You will hear a series of questions and answers in German. Decide if the statements are logical or illogical.

	LOGISCH	UNLOGISCH			LOGISCH	UNLOGISCH
1.	_____	_____		4.	_____	_____
2.	_____	_____		5.	_____	_____
3.	_____	_____				

Funktionen und Formen

● Prepositions with Accusative

A. Welche Akkusativpräpositionen hören Sie? You will hear a series of statements. Listen carefully and write down the accusative prepositions you hear.

1. _____   4. _____

2. _____   5. _____

3. _____

B. Fragen und Antworten. You will hear a series of questions. Answer each question aloud, using the correct accusative preposition. Then listen for the correct response and repeat it after the speaker.

BEISPIEL: [Sie hören]   Kaufst du den Wein für deinen Vater?
                                    Ja, ich kaufe ihn _ _ _ mein _ _ _ Vater. (mein Vater)
          [Sie sagen]   Ja, ich kaufe ihn für meinen Vater.
          [Sie hören]   Ja, ich kaufe ihn für meinen Vater.
[Sie wiederholen]   Ja, ich kaufe ihn für meinen Vater.

1.   Ja, sie geht mitten _ _ _ _ _ _ _ _ _ d_ _ _ _ _ Park. (der Park)

2.   Ich trinke meinen Kaffee _ _ _ _ _ _ _ _ _ Milch und Zucker.

3.   Nein, ich habe nichts _ _ _ _ _ _ _ _ _ d_ _ _ _ _ Freund. (dein Freund)

4.   Nein, wir fahren _ _ _ _ _ _ _ _ _ d_ _ _ _ _ Schloß. (das Schloß)

5.   Ja, er ist _ _ _ _ _ _ _ _ _ d_ _ _ _ _. (du)

C. Präpositionen mit Akkusativ. You will hear a series of questions. Write the answers using the clues provided and the preposition that makes sense in the context. Each question may have more than one possible answer.

BEISPIEL: [Sie hören]   Kommst du mit?
                    [Sie sehen]   (gehen//ich) Nein,
                  [Sie schreiben]   Nein, geht ohne mich.

1. (das Haus) _____.

2. (du) _____.

3. (Brasilien//Italien) _____.

4. (die Ecke) _____.

5. (7 Uhr) _____.

6. (mein Freund) _____.

● Verben

D. Diktat: *kennen* oder *wissen?* You will hear a series of questions and answers. Complete each one by writing the form of **kennen** or **wissen** that you hear.

1. _____ du das Märchen vom Froschkönig?

   Ja, das _____ doch alle!

2. _____ ihr, wo der Hauptbahnhof ist?

   Nein, das _____ wir leider auch nicht.

3. _____ Robert, daß wir eine Zensur für das Referat bekommen?

   Nein, er _____ das noch nicht.

4. _____ Nina den Strand am Grundlsee?

   Ja, sie _____ ihn gut.

5. Entschuldigung, _____ Sie, wieviel Uhr es ist?

   Ja, ich _____ es - es ist fünf Minuten nach halb drei.

6. _____ Sie das Reiseziel von Familie Ziegler?

   Nein, ich _____ es nicht. Vielleicht sind sie am Grundlsee.

E. Präsens oder Imperfekt? You will hear a series of short statements. Check to indicate whether each one is in the present tense or the simple past.

	PRESENT TENSE	SIMPLE PAST		PRESENT TENSE	SIMPLE PAST
1.	_____	_____	7.	_____	_____
2.	_____	_____	8.	_____	_____
3.	_____	_____	9.	_____	_____
4.	_____	_____	10.	_____	_____
5.	_____	_____	11.	_____	_____
6.	_____	_____	12.	_____	_____

F. Vom Präsens zum Imperfekt. You will hear a series of statements in the present tense. Repeat each one after the speaker in the simple past.

BEISPIEL: [Sie hören]   Frank hat ein rotes Fahrrad.
            [Sie sagen]   Frank hatte ein rotes Fahrrad.

1. _ _ _   4. _ _ _

2. _ _ _   5. _ _ _

3. _ _ _   6. _ _ _

G. Kurze Dialoge. You will hear some questions and a statement. Complete the response to each one by writing the correct form of **haben** or **sein** in the simple past.

1. Nein, ich _____ gestern im Kino.

2. Ja, aber letzte Woche _____ sie krank.

3. Nein, ich _____ vor drei Tagen Geburtstag.

4. Ja, aber gestern _____ ihr drei Stunden zu spät dran.

5. Nein, wir _____ gestern Abend Lust tanzen zu gehen.

H. Modalverben: Präsens oder Imperfekt? You will hear several brief dialogues. Check to indicate whether each one is in the present tense or the simple past.

	PRESENT TENSE	SIMPLE PAST		PRESENT TENSE	SIMPLE PAST
1.	_____	_____	4.	_____	_____
2.	_____	_____	5.	_____	_____
3.	_____	_____	6.	_____	_____

I. Was ist die Infinitivform? You will hear a series of modal verb forms in the simple past or present tense. Say their infinitive forms aloud. Then repeat each infinitive after the speaker.

BEISPIEL: [Sie hören]   durfte
                 [Sie sagen]   dürfen
                 [Sie hören]   dürfen
         [Sie wiederholen]   dürfen

1. _ _ _   6. _ _ _   11. _ _ _

2. _ _ _   7. _ _ _   12. _ _ _

3. _ _ _   8. _ _ _   13. _ _ _

4. _ _ _   9. _ _ _   14. _ _ _

5. _ _ _   10. _ _ _   15. _ _ _

J. Vom Präsens zum Imperfekt. You will hear a series of modal verbs in the present tense. For each one, say the equivalent form in the simple past. Then listen for the correct response and repeat it after the speaker.

BEISPIEL: [Sie hören]   ihr wollt
                 [Sie sagen]   ihr wolltet
                 [Sie hören]   ihr wolltet
         [Sie wiederholen]   ihr wolltet

1. _ _ _   5. _ _ _   8. _ _ _

2. _ _ _   6. _ _ _   9. _ _ _

3. _ _ _   7. _ _ _   10. _ _ _

4. _ _ _

K. Modalverben: Kurze Dialoge im Imperfekt. You will hear a series of questions with modal verbs in the simple past. Answer the questions aloud, following the clues provided. Then listen for the correct response and repeat it after the speaker.

BEISPIEL: [Sie hören]   Wollten Klaus und Lydia gestern kommen?
                 [Sie sehen]   (ja)
                 [Sie sagen]   Ja, sie wollten gestern kommen.
                 [Sie hören]   Ja, sie wollten gestern kommen.
         [Sie wiederholen}   Ja, sie wollten gestern kommen.

1. (Auto waschen)   _ _ _ .   4. (nein)   _ _ _ .

2. (ein neues Kleid)   _ _ _ .   5. (Hausaufgaben)   _ _ _ .

3. (Schokolade essen)   _ _ _ .

Zusammenschau

A. Ein Telefongespräch. Listen carefully to the telephone conversation between Vanessa and Martin and check the activities they mention.

1. _____ segeln

2. _____ ins Kino gehen

3. _____ wichtige Chorprobe

4. _____ Fahrrad reparieren

5. _____ in die Kneipe gehen

6. _____ für das Hauptfach lernen

7. _____ am Strand liegen

8. _____ einen Stadtbummel machen

9. _____ einkaufen gehen

10. _____ fernsehen

B. Modalverben. Listen again and write down each modal verb form you hear below the name of the speaker who uses it.

VANESSA	MARTIN
1. _____	_____
2. _____	_____
3. _____	_____
4. _____	_____
5. _____	_____
6. _____	_____
7. _____	_____
8. _____	_____
9. _____	_____
10. _____	_____
11. _____	_____
12. _____	_____

C. Was ist richtig? Listen to the telephone conversation between Martin and Vanessa a third time. Circle the letters of the phrases that best complete the statement. One item has several possible completions.

1. Martin ruft Vanessa an, um zu fragen, ob...
   a. Vanessa ins Kino gehen möchte.
   b. Vanessa mit zum Segeln fahren möchte.
   c. Vanessa einen Stadtbummel machen möchte.

2. Vanessa will gern mitkommen, aber...
   a. sie ist leider krank.
   b. sie fährt mit ihren Eltern nach Florenz.
   c. sie muß zu einer wichtigen Chorprobe gehen.

3. Robert und Nina fahren...
   a. nicht mit, denn sie müssen für ihr Hauptfach lernen.
   b. lieber in ein Hotel in Florenz.
   c. mit, denn sie wollen campen und segeln.

4. Martin sagt Vanessa, daß...
   a. Robert, Nina und er sie nach der Chorprobe abholen können.
   b. sie nicht zum Grundlsee mitkommen kann.
   c. sie nicht zur Chorprobe gehen soll.

5. Vanessa antwortet Martin, daß...
   a. sie mitkommt.
   b. sie gern Knackwürste ißt.
   c. sie keine Zeit hat.

Zur Aussprache

A. Hören: Umlaut. You will hear a series of German words. Circle the letters preceding all words that contain an umlauted vowel.

BEISPIEL: [Sie hören]   a. langsam   b. Gläser   c. schlafen   d. Däne
                [Sie markieren]   b, d

1.   a   b   c   d

2.   a   b   c   d

3.   a   b   c   d

4.   a   b   c   d

5.   a   b   c   d

6.   a   b   c   d

B. Nachsprechen: Umlaut. Listen carefully and repeat the words you hear.

1. _ _ _   7. _ _ _

2. _ _ _   8. _ _ _

3. _ _ _   9. _ _ _

4. _ _ _   10. _ _ _

5. _ _ _   11. _ _ _

6. _ _ _   12. _ _ _

C. Vokale. Listen carefully and circle the letters preceding all words that contain the vowels **o, a,** and **u** without an umlaut.

BEISPIEL: [Sie hören]   a. Chorprobe   b. Onkel   c. öfter   d. Töne
                   [Sie markieren]   a, b

1.   a   b   c   d

2.   a   b   c   d

3.   a   b   c   d

4.   a   b   c   d

5.   a   b   c   d

6.   a   b   c   d

D. Nachsprechen: Vokale. Listen carefully and repeat the words you hear.

1. _ _ _   7. _ _ _

2. _ _ _   8. _ _ _

3. _ _ _   9. _ _ _

4. _ _ _   10. _ _ _

5. _ _ _   11. _ _ _

6. _ _ _   12. _ _ _

E. *ei* oder *ie?* You will hear a series of German words. Listen carefully and check whether you hear the **ie** or the **ei** sound.

BEISPIEL: [Sie hören]   viel
          [Sie markieren]   ei   ie
                        ____   ✓

	ei	ie			ei	ie
1.	__	__		4.	__	__
2.	__	__		5.	__	__
3.	__	__		6.	__	__

F. Diktat. Write down the words you hear.

1. _____

2. _____

3. _____

4. _____

5. _____

6. _____

7. _____

8. _____

9. _____

10. _____

Kapitel 5

Vorschau

A. Eine interessante Reise. Klaus and Frauke took a trip. Listen carefully as they tell their friend Tine about it.

B. Globalverstehen. Listen to the conversation again and write answers to the following questions.

1. Wohin sind Frauke und Klaus gefahren?

   _____

2. Wie lange waren sie weg?

   _____

3. Wo waren sie zuerst?

   _____

4. Wohin sind sie dann gereist?

   _____

5. Wie sind sie da hingekommen?

   _____

6. Welches Problem hatten sie?

   _____

7. Wer hat das Problem gelöst?

   _____

8. Wie hat er es gelöst?

   _____

9. Wie war der Rest der Reise?

   _____

10. Was wollen Tine, Klaus und Frauke am nächsten Tag machen?

    _____

C. Detailverstehen. Listen to the conversation a third time and circle the letter of the correct answer. Questions may have more than one correct answer.

1. Warum hat Tine keine Postkarte bekommen?
   a. Klaus und Frauke haben keine Postkarten geschrieben.
   b. Die Postkarte von Klaus und Frauke ist noch nicht angekommen.
   c. Klaus und Frauke haben Postkarten geschrieben, aber leider keine an Tine.
   d. Klaus und Frauke wollen Tine lieber Bilder zeigen.

2. Was haben Klaus und Frauke in Sydney unternommen?
   a. Sie sind einkaufen gegangen.
   b. Sie haben einen Wagen gemietet.
   c. Sie haben eine Austellung besucht.
   d. Sie haben sich ein Museum angesehen.

3. Was war das Thema der Ausstellung?
   a. Das Thema der Ausstellung war "Ein Jahrzehnt in der Stadt Sydney".
   b. Das Thema der Ausstellung war "Künstler in Australien".
   c. Das Thema der Ausstellung war "Arbeitslosigkeit im 19. Jahrhundert".
   d. Das Thema der Ausstellung war "Geschichte der Einwanderung".

4. Was wollten Klaus und Frauke danach machen?
   a. Sie wollten historischen Reisestraßen folgen.
   b. Sie wollten ans Meer fahren und am Strand liegen.
   c. Sie wollten endlich ihre Urlaubspost erledigen.
   d. Sie wollten endlich länger schlafen.

5. Was haben Klaus und Frauke nicht gewußt?
   a. Sie haben nicht gewußt, das Frauke ihren Paß nicht mehr hatte.
   b. Sie haben nicht gewußt, wohin sie fahren wollten.
   c. Sie haben nicht gewußt, wie sie das Problem lösen sollten.
   d. Sie haben nicht gewußt, wen sie anrufen konnten.

D. Vokabeln erraten. Listen to the conversation one more time. Try to guess the meaning of the expressions below. Pay attention to the context in which they are used, whether they are similar to English words (cognates), or whether you already know the root of the word. Write your answers down.

1. in letzter Minute   _____

2. Mir ist da was ganz Dummes passiert.   _____

3. verschlafen   _____

4. in der Eile   _____

5. mit der Post per Expreß   _____

6. Glück gehabt!   _____

Funktionen und Formen

● Ordinal Numbers

A. Zahlen, Zahlen, Zahlen. Listen carefully and write down only the ordinal numbers you hear. Spell the numbers out.

BEISPIEL: [Sie hören]   Ich komme am zweiten Weihnachtsfeiertag zurück.
             [Sie schreiben]   zweiten

1. am _____

2. in der _____

3. der _____

4. am _____

5. der _____

6. am _____

7. am _____

B. Noch mehr Zahlen! Listen carefully to the brief dialogues and write down the numbers you hear. You will hear dates, ordinal numbers and cardinal numbers.

BEISPIEL: [Sie hören]   Welches Datum haben wir heute?
                             Heute ist der 20. Juli.
             [Sie sehen]   Heute ist der ___ Juli.
             [Sie schreiben] Heute ist der 20. Juli.

1. In Deutschland ist Weihnachten am _____ Dezember.

2. Ich habe _____ Koffer und _____ Rucksack gepackt.

3. Heute haben wir den _____ Mai.

4. Sie sind _____ nach Pennsylvanien gegangen.

5. Die Stadt Hannover hat über _____ Einwohner.

6. Ich bin im ____ Semester.

7. Mein Geburtstag ist am _____ August.

8. Wir sind vor ____ Tagen in München angekommen.

9. Es ist ____ Uhr _____.

10. Das Semester fängt am ____ ____ an.

● The Perfect Tense

C. Jetzt oder schon vorbei? You will hear a series of brief dialogues. Indicate whether each statement is in the present tense or in the perfect tense.

BEISPIEL: [Sie hören]   Übst du heute Klavier?

                  [Sie markieren]   PRESENT TENSE   PERFECT TENSE

                                       ✓

	PRESENT TENSE	PERFECT TENSE		PRESENT TENSE	PERFECT TENSE
1.	_____	_____	5.	_____	_____
2.	_____	_____	6.	_____	_____
3.	_____	_____	7.	_____	_____
4.	_____	_____			

D. Was ist hier das Partizip? You will hear a series of infinitives. Say the past participle of each one aloud. Then listen for the correct response and repeat it after the speaker.

BEISPIEL: [Sie hören]   einkaufen

                [Sie sagen]   eingekauft

                [Sie hören]   eingekauft

        [Sie wiederholen]   eingekauft

1. _ _ _	_ _ _	6. _ _ _	_ _ _
2. _ _ _	_ _ _	7. _ _ _	_ _ _
3. _ _ _	_ _ _	8. _ _ _	_ _ _
4. _ _ _	_ _ _	9. _ _ _	_ _ _
5. _ _ _	_ _ _	10. _ _ _	_ _ _

E. Was ist hier der Infinitiv? You will hear a series of past participles. Say the infinitive aloud. Then listen for the correct response and repeat it after the speaker.

BEISPIEL: [Sie hören]   gemacht

                [Sie sagen]   machen

                [Sie hören]   machen

        [Sie wiederholen]   machen

1. _ _ _	_ _ _	6. _ _ _	_ _ _
2. _ _ _	_ _ _	7. _ _ _	_ _ _
3. _ _ _	_ _ _	8. _ _ _	_ _ _
4. _ _ _	_ _ _	9. _ _ _	_ _ _
5. _ _ _	_ _ _	10. _ _ _	_ _ _

F. Welches Hilfsverb brauchen Sie? You will hear a series of past participles. Indicate whether **haben** or **sein** is used to form the present perfect of each one.

BEISPIEL: [Sie hören]   gekauft
            [Sie markieren]   HABEN   SEIN
                              ___✓___   _____

	HABEN	SEIN			HABEN	SEIN
1.	_____	_____		7.	_____	_____
2.	_____	_____		8.	_____	_____
3.	_____	_____		9.	_____	_____
4.	_____	_____		10.	_____	_____
5.	_____	_____		11.	_____	_____
6.	_____	_____		12.	_____	_____

G. Wohin mit diesen Verben? You will hear the beginnings of several sentences. Finish each one in the simple past or the present perfect tense with the clue provided. Then listen and repeat the correct completion after the speaker.

BEISPIEL: [Sie hören]   Ich bin nach Italien gefahren.
                 [Sie sehen]   weil/ich/Lust dazu haben/.
                 [Sie sagen]   weil ich Lust dazu hatte.
                 [Sie hören]   weil ich Lust dazu hatte.
         [Sie wiederholen]   weil ich Lust dazu hatte.

1. weil/ich/krank/sein/.   _ _ _

2. weil/Thomas/nicht aufstehen/   _ _ _

3. daß/wir/verreisen.   _ _ _

4. weil/es/draußen/regnen/.   _ _ _

5. ob/Frank/daran/denken.   _ _ _

H. Ein ereignisreicher Tag. Uwe had quite a busy day and lots of things to do. Listen to his activities and write each sentence in the perfect tense.

BEISPIEL: [Sie hören]   Erst repariert Uwe sein Fahrrad.
              [Sie schreiben]   Erst hat Uwe sein Fahrrad repariert.

1. _____

2. _____

3. _____

4. _____

5. _____

6. _____

7. _____

8. _____

9. _____

10. _____

11. _____

12. _____

Zusammenschau

A. Ein neues Semester. Martin, Claudia, and Stephanie are talking about the upcoming summer and the next semester. Listen carefully to their conversation.

B. Ein neues Semester. Listen to the conversation again and use a check to indicate who says each word or phrase.

	MARTIN	CLAUDIA	STEPHANIE
1. sofort	_____	_____	_____
2. mitgebracht	_____	_____	_____
3. Informationsgespräch	_____	_____	_____
4. Was gibt es Neues?	_____	_____	_____
5. Zwischenprüfung	_____	_____	_____
6. Arbeitserfahrung	_____	_____	_____
7. Bezahlung	_____	_____	_____
8. tageweise	_____	_____	_____

9. gießen   _____   _____   _____

10. Beratung   _____   _____   _____

11. Haltestelle   _____   _____   _____

12. plötzlich   _____   _____   _____

13. zum Glück   _____   _____   _____

14. fertig   _____   _____   _____

C. Globalverstehen. Listen to the conversation a third time and write answers to the questions.

1. Wo sind Claudia und Martin?

   _____

2. Wo ist Stephanie?

   _____

3. Was hat Stephanie da gemacht?

   _____

4. Was will Claudia nächstes Semester an der Uni machen (mindestens zwei Dinge)?

   _____

5. Welche Arbeitserfahrung hat sie? (mindestens zwei Dinge)

   _____

6. Was mußte Stephanie den ganzen Tag tun?

   _____

7. Wann fängt das Semester in München an?

   _____

8. Was ist Stephanie nach der Beratung an der Uni passiert?

   _____

D. Detailverstehen. Listen to the conversation one more time and circle the letter of the correct answer. Each question may have more than one correct answer.

1. Warum ist Martin vorbeigekommen?

    a. Martin wollte ein Buch abholen.

    b. Martin hat Kuchen mitgebracht und wollte Kaffee trinken.

    c. Martin hat einen Tagesjob bei Claudias Eltern.

    d. Martin wollte Claudia und Stephanie besuchen.

2. Worüber haben Claudia und ihre Eltern gesprochen?

    a. Sie haben über Claudias nächstes Semester gesprochen.

    b. Sie haben über Claudias nächsten Job gesprochen.

    c. Sie haben sich über Claudias Urlaub unterhalten.

    d. Sie haben Claudias Berufserfahrung diskutiert.

3. Was muß Claudia entscheiden?

    a. Sie muß entscheiden, ob sie im Ausland studiert.

    b. Sie muß entscheiden, ob sie eine Lehre machen möchte.

    c. Sie muß entscheiden, ob sie im Sommer einen Ferienjob oder im Semester einen Tagesjob suchen soll.

    d. Sie muß entscheiden, ob sie weiter studiert oder in ihrem alten Beruf arbeiten soll.

4. Was hat Martin Claudia geraten?

    a. Sie soll gar nicht arbeiten und lieber in den Urlaub fahren.

    b. Vielleicht kann sie einen Ferienjob finden und im Semester tageweise weiterarbeiten.

    c. Sie kann auch als Gärtnerin arbeiten.

    d. Sie soll an ihrer Magisterarbeit arbeiten.

5. Warum hat Stephanie ihren Bus nicht bekommen?

    a. Es hat zu regnen angefangen, und sie ist zurück in die Uni gegangen.

    b. Stephanie hatte keine Uhr und hat nicht gewußt, wie spät es ist.

    c. Der Bus ist an diesem Tag nicht gekommen, und Stephanie mußte laufen.

    d. Stephanie hat gedacht, daß Claudia sie abholt.

Zur Aussprache

A. Gut zuhören! You will hear a series of words. Circle the letters preceding all words that contain the diphthong **ei**.

1. a   b   c   d

2. a   b   c   d

3. a   b   c   d

4. a   b   c   d

5. a   b   c   d

B. Weiter gut zuhören! You will hear a series of words. Circle the letters preceding all words that contain the diphthong **au**.

1. a   b   c   d

2. a   b   c   d

3. a   b   c   d

4. a   b   c   d

5. a   b   c   d

C. Noch ein Diphthong! You will hear a series of words. Circle the letters preceding all words that contain the diphthong **eu** or **äu**.

1. a   b   c   d

2. a   b   c   d

3. a   b   c   d

4. a   b   c   d

5. a   b   c   d

D. Welchen Diphthong hören Sie? You will a series of words. Indicate which diphthong you hear

BEISPIEL: [Sie hören] klein

[Sie markieren] EI   AU   EU/ÄU

         ✓ ____   ____   ____

	EI	AU	EU/ÄU		EI	AU	EU/ÄU
1.	___	___	___	9.	___	___	___
2.	___	___	___	10.	___	___	___
3.	___	___	___	11.	___	___	___
4.	___	___	___	12.	___	___	___
5.	___	___	___	13.	___	___	___
6.	___	___	___	14.	___	___	___
7.	___	___	___	15.	___	___	___
8.	___	___	___				

E. Eine lange Reise. You will hear the conversation below. Fill in the blanks with the words you hear.

— Hallo _____ ! Wie geht's? Ich habe dich schon so lange nicht mehr gesehen. Warst du krank?

— Grüß dich, _____ . Nein, ich war nicht krank, aber ich war nicht hier in _____ . Ich bin mit meiner Freundin _____ zwei Monate lang durch Australien gefahren.

— Nicht schlecht! Ich habe schon immer davon geträumt eine solche _____ zu machen. Wann _____ ihr denn nach Hause gekommen?

— Vor _____ Tagen. Ich fühle mich immer noch ziemlich müde von dem langen Flug. Denk' dir nur: Der gesamte Rückflug hat _____ Stunden gedauert! Das _____ mußte _____ Mal zwischenlanden. Ich war so froh, als wir endlich in Frankfurt angekommen sind.

— Das kann ich mir denken. Vielleicht sehen wir uns später, wenn ihr euch erholt habt. Ruf' _____ mal an.

— Wird gemacht. Bis dann.

— Tschüß!

Kapitel 6

Vorschau

A. Weihnachtseinkäufe im KaDeWe. Maria and Nicole go back to the KaDeWe to finish their Christmas shopping. Listen as a salesperson helps Nicole find the right present.

B. Weihnachsteinkäufe im KaDeWe. Listen to the conversation again and indicate who says each word or phrase.

		NICOLE	MARIA	VERKÄUFER
1.	Weihnachtsgeschenke	_____	_____	_____
2.	wünschen	_____	_____	_____
3.	ein paar Abteilungen	_____	_____	_____
4.	etwas Praktisches	_____	_____	_____
5.	schenken	_____	_____	_____
6.	Winterschlußverkauf	_____	_____	_____
7.	Bitte schön?	_____	_____	_____
8.	Helm	_____	_____	_____
9.	stark reduziert	_____	_____	_____
10.	ein bißchen verrückt	_____	_____	_____
11.	Größe	_____	_____	_____
12.	Zieh' ... an!	_____	_____	_____
13.	flott	_____	_____	_____
14.	gleichfalls	_____	_____	_____
15.	drittes Mal	_____	_____	_____

C. Globalverstehen. Listen to the conversation a second time and write the answers to the following questions.

1. Wem müssen Maria und Nicole Weihnachtsgeschenke kaufen?

   MARIA: _____

   NICOLE: _____

2. Was wollen sie kaufen?

   MARIA: _____

   _____

   NICOLE: _____

3. Wie ist es im KaDeWe and warum?

   _____

4. Was findet Nicole endlich?

   _____

5. Wie finden Nicole und Maria dieses Kleidungsstück?

   _____

6. Warum zieht Nicole dieses Kleidungsstück an?

   _____

7. Was will Nicole am Ende mit dem Kleidungsstück machen?

   _____

8. Was müssen Nicole und Maria am nächsten Tag machen?

   _____

D. Logisch oder unlogisch? You will hear several brief dialogues. Indicate whether each one is logical or illogical.

BEISPIEL: [Sie hören] Hat er denn einen Helm?
   Ja, laß' uns mal durch ein paar Abteilungen gehen.

   [Sie markieren] LOGISCH   UNLOGISCH
   _____   __✓__

	LOGISCH	UNLOGISCH			LOGISCH	UNLOGISCH
1.	_____	_____		4.	_____	_____
2.	_____	_____		5.	_____	_____
3.	_____	_____		6.	_____	_____

Funktionen und Formen

● The Dative Case

A. Was ist hier das Subjekt? You will hear a series of statements. Listen carefully and write down the subject of each one.

BEISPIEL: [Sie hören]   Ich kaufe einen neuen Hockeyschläger.
              [Sie schreiben]   ich

1. _____   6. _____

2. _____   7. _____

3. _____   8. _____

4. _____   9. _____

5. _____   10. _____

B. Bei uns zu Weihnachten. You will hear a series of statements. Listen carefully and write down the object or prepositional phrase in each statement. Some statements may have more than one object or prepositional phrase.

BEISPIEL: [Sie hören]   Er schenkt seinem Bruder eine Armbanduhr.
              [Sie schreiben]   seinem Bruder, eine Armbanduhr

1. _____

2. _____

3. _____

4. _____

5. _____

6. _____

7. _____

8. _____

9. _____

10. _____

C. Welches Objekt ist das? You will hear a series of statements. Listen carefully and indicate whether you hear an accusative or dative object.

BEISPIEL: [Sie hören]   Ich glaube meiner Schwester.
              [Sie markieren]   AKKUSATIV   DATIV
                              _____   ___✓___

	AKKUSATIV	DATIV			AKKUSATIV	DATIV
1.	_____	_____		6.	_____	_____
2.	_____	_____		7.	_____	_____
3.	_____	_____		8.	_____	_____
4.	_____	_____		9.	_____	_____
5.	_____	_____		10.	_____	_____

D. Benutzen Sie den Dativ! You will hear a series of statements. Complete each one using the clues provided in your answers.

BEISPIEL: [Sie hören]   Meine Nichte hat heute Geburtstag!
              [Sie sehen]   Du mußt _____ gratulieren. (deine Nichte)
              [Sie schreiben]   Du mußt deiner Nichte gratulieren.

1. Dann kann man _____ eine CD schenken. (dein Vater)

2. Es geht _____ gut. (meine Großeltern)

3. Ja, _____ geht es jetzt sehr gut. (mein Neffe)

4. Ja, wir helfen _____ . (unsere Nichte)

5. Ja, sie können kommen und _____ helfen. (deine Familie)

6. Den schenke ich _____ (meine Brüder)

7. Es gehört _____ da. (der Mann)

8. Ich weiß nicht. Das ist _____ egal. (meine Freundin)

9. Ich möchte nichts, danke. Aber du kannst _____ eine Tasse Tee kochen.
   (meine Schwestern)

10. Den habe ich von _____ . (mein Freund)

E. Fragen, Fragen, Fragen. You will hear a series of answers. Form questions that make sense in the context. Use the appropriate question word: **wo**, **wohin**, **was**, **wen**, or **wem**. Then listen and repeat the correct question after the speaker.

BEISPIEL: [Sie hören]   Der neue Toaster gehört meinen Großeltern.
               [Sie sagen]   Wem gehört der neue Toaster?
               [Sie hören]   Wem gehört der neue Toaster?
         [Sie wiederholen]   Wem gehört der neue Toaster.

1. _ _ _   3. _ _ _   5. _ _ _

2. _ _ _   4. _ _ _   6. _ _ _

F. Welches Personalpronomen brauchen Sie? You will hear a series of statements. Write each one down, replacing each noun object with the appropriate object pronoun.

BEISPIEL: [Sie hören]   Ich kaufe morgen einen Hockeyschläger.
          [Sie schreiben]   Ich kaufe ihn morgen.

1. _____

2. _____

3. _____

4. _____

5. _____

6. _____

7. _____

8. _____

9. _____

10. _____

G. Noch mehr Personalpronomen! You will hear a series of statements. Replace each noun object with the appropriate pronoun object and put the pronouns in the correct word order.

BEISPIEL: [Sie hören]   Sie kauft ihrem Sohn eine neue Jacke.
           [Sie sehen]   Sie kauft _____ _____.
        [Sie schreiben]   Sie kauft sie ihm.

1. Peter schickt _____ _____.

2. Ich schreibe _____ _____.

3. Kann Eva _____ _____ leihen?

4. Bernd muß _____ _____ zurückgeben.

5. Kannst du _____ _____ nochmal erklären?

6. Ich schenke _____ _____.

7. Er zeigt _____ _____ lieber erst morgen.

8. Frank schuldet _____ _____.

● The Dative Prepositions

H. Welche Präposition paßt hier? You will hear a series of questions. Listen carefully and complete each response with the appropriate dative preposition and dative ending.

BEISPIEL: [Sie hören]   Wohin fahrt ihr nächsten Montag?
             [Sie sehen]   Wir fahren _____ mein____ Eltern.
     [Sie schreiben]   Wir fahren zu meinen Eltern.

1. Jeff kommt _____ Buffalo.

2. Wir fahren _____ d_____ Bus.

3. Wir feiern _____ unser_____ Eltern.

4. Ich lebe _____ letzt_____ Jahr da.

5. Wir fahren _____ unseren Freunden _____ Österreich.

6. _____ mein___ Vater sind alle hier!

7. Die Ohrringe sind _____ mein_____ Schwester.

8. Er arbeitet _____ d_____ Post.

9. _____ d_____ Theater gehen wir _____ ein_____ guten italienischen Restaurant.

10. Am liebsten esse ich Spaghetti _____ Tomatensoße.

Zusammenschau

A. Am Silvesterabend. Inge, Jeff, and Klaus spend New Year's Eve together. Listen carefully to their conversation.

B. Verständnisfragen. Listen to their conversation again and write the answers to the following questions.

1. Wie oft hat Inge Jeff schon getroffen?

_____

2. Wo haben sich Klaus und Jeff kennengelernt?

_____

3. Wo war Jeff zu Weihnachten?

_____

4. Was mußten sie noch für Weihnachten machen? (mindestens 3 Dinge)

_____

_____

_____

5. Hat Jeff auch ein Geschenk bekommen? Wenn ja, was für ein Geschenk?

_____

6. Welche Geschenke hat Inge von ihrer Tante bekommen? (2 Dinge)

_____

_____

7. Wie gefallen Inge die Geschenke von ihrer Tante und warum?

_____

8. Welche Pläne haben Jeff und Klaus Mitte Januar?

_____

9. Was will Inge im neuen Jahr machen?

_____

C. Kennen Sie das Wort? Listen to the conversation a third time. Write down the words and phrases that have the same meaning as the words and phrases below.

1. schlechtes (Wetter)   _____

2. Heiliger Abend   _____

3. saubermachen   _____

4. Ohrringe, Halsketten, Ringe usw.

   alles zusammen ist   _____

5. Alkohol, den man oft zu

   Silvester trinkt   _____

6. spaßig   _____

7. ein populärer Wintersport   _____

8. beginnen   _____

Zur Aussprache

A. Können Sie das sagen? You will hear a series of words that contain the **ch** sound. Listen carefully and repeat each word after the speaker.

BEISPIEL: [Sie hören]   Rauch
                 [Sie wiederholen]   Rauch

1. _ _ _   5. _ _ _

2. _ _ _   6. _ _ _

3. _ _ _   7. _ _ _

4. _ _ _   8. _ _ _

B. Versuchen Sie diesen Laut auszusprechen! You will hear a series of words that contain the **ch** sound. Listen carefully and repeat after the speaker.

BEISPIEL: [Sie hören]   Milch
                 [Sie wiederholen]   Milch

1. _ _ _   5. _ _ _

2. _ _ _   6. _ _ _

3. _ _ _   7. _ _ _

4. _ _ _   8. _ _ _

C. Noch ein neuer Laut! You will hear a series of words that contain the **sch** sound. Listen carefully and repeat each word after the speaker.

BEISPIEL: [Sie hören]   Flasche
                 [Sie wiederholen]   Flasche

1. _ _ _   5. _ _ _

2. _ _ _   6. _ _ _

3. _ _ _   7. _ _ _

4. _ _ _   8. _ _ _

D. Hören Sie den Unterschied? You will hear a series of words. Indicate whether you hear the **ch** or the **sch** sound.

BEISPIEL: [Sie hören]   schnell
                    [Sie markieren]   CH   SCH

                    _____   __✓__

	CH	SCH			CH	SCH
1.	_____	_____		9.	_____	_____
2.	_____	_____		10.	_____	_____
3.	_____	_____		11.	_____	_____
4.	_____	_____		12.	_____	_____
5.	_____	_____		13.	_____	_____
6.	_____	_____		14.	_____	_____
7.	_____	_____		15.	_____	_____
8.	_____	_____				

Kapitel 7

Vorschau

A. Am Samstag ist die Hölle los! Nina and Robert Ziegler slept late on Saturday. It's almost 12:30 and they're just sitting down for breakfast. Listen to their conversation.

B. Vokabeln. Listen to the conversation again and check the words you hear.

1. Riesenhunger _____
2. Flaschenöffner _____
3. komisch _____
4. Limonade _____
5. Drogerie _____
6. am Mittwoch _____
7. Lebensmittel _____
8. sparen _____
9. im letzten Augenblick _____
10. stressig _____
11. genausogut _____
12. sich anziehen _____
13. Waschsalon _____
14. sich aufregen _____
15. Imbiß _____

C. Verständnisfragen. Listen to the conversation a third time and write answers to the questions.

1. Was ist so komisch, als Robert den Kühlschrank aufmacht?

_____

2. Warum ist das so komisch?

_____

3. Was sagt Nina?

_____

4. Wie spät ist es und warum ist das ein Problem?

_____

5. Warum ärgert sich Robert?

_____

6. Was denkt Nina, wie die Eltern reagieren werden?

_____

7. Was ist an der U-Bahn Station am Marienplatz?

_____

8. Was machen sie zum Mittagessen am Samstag?

_____

9. Warum machen Robert und Nina das alles?

_____

10. Welchen Plan hat Nina für Sonntag?

_____

11. Was verspricht Robert am Ende?

_____

Funktionen und Formen

• Infinitive Phrases

A. Der Umwelt zuliebe! You will hear a series of statements. Indicate whether you hear a regular infinitive or a **zu**-infinitive construction.

BEISPIEL: [Sie hören]   Manchmal nervt es mich, immer an die Umwelt denken zu müssen.

[Sie markieren]   REGULAR INFINITIVE   ZU-INFINITIVE

_____   ____✓____

REGULAR INFINITIVE   ZU-INFINITIVE

1. _____   _____
2. _____   _____
3. _____   _____
4. _____   _____
5. _____   _____
6. _____   _____
7. _____   _____
8. _____   _____

B. Versuchen Sie, die Sätze zu verbinden. You will hear the beginnings of several statements. Listen carefully and complete each one with the clue provided.

BEISPIEL: [Sie hören]   Versucht Martin wirklich einen Ferienjob

[Sie sehen]   _____ (finden)

[Sie schreiben]   zu finden

1. _____ (einkaufen gehen)
2. _____ (Ute anrufen)
3. _____ (zur Party gehen können)
4. _____ (vorbeikommen)
5. _____ (zumachen)
6. _____ (öffnen)
7. _____ (tanzen gehen)
8. _____ (sein)

C. Noch ein bißchen komplexer! You will hear a series of incomplete statements. Use a **zu**-infinitive construction and the clue provided to complete each one.

zu-infinitive constructions:

zu + infinitive   **ohne ... zu**
um ... zu   **(an)statt ... zu**

BEISPIEL: [Sie hören]   Kaufen Sie das Kleid nicht,

             [Sie sehen]   _____ es _____ (anprobieren)

             [Sie schreiben]   ohne es anzuprobieren.

1. _____ die Zähne _____ (putzen)?
2. _____ dort gute Freunde _____ (besuchen).
3. _____ mich _____ (fragen)?
4. _____ zu Hause _____ (lernen).
5. _____ (reparieren)?
6. _____ (bezahlen).
7. _____ ein Glas Bier _____ (trinken).
8. _____ nächstes Jahr eine Reise nach Berlin _____ (machen können).

• More on Conjunctions

D. Welche Konjunktion ist das? You will hear a series of statements. Listen carefully and indicate whether you hear a coordinating conjunction or a subordinating conjunction.

BEISPIEL: [Sie hören]   Ich gehe mit der Einkaufstasche in den Supermarkt, weil jede Plastiktüte 10 Pfennig kostet.

    [Sie markieren]

	COORDINATING CONJUNCTION	SUBORDINATING CONJUNCTION
	_____	✓

	COORDINATING CONJUNCTION	SUBORDINATING CONJUNCTION		COORDINATING CONJUNCTION	SUBORDINATING CONJUNCTION
1.	_____	_____	7.	_____	_____
2.	_____	_____	8.	_____	_____
3.	_____	_____	9.	_____	_____
4.	_____	_____	10.	_____	_____
5.	_____	_____	11.	_____	_____
6.	_____	_____	12.	_____	_____

E. Welche Konjunktion macht Sinn? You will hear a series of incomplete statements. Listen carefully and complete each one by writing a conjunction that makes sense in the context. You will then hear the completed statement.

BEISPIEL: [Sie hören]   Ich habe keinen Durst, [PAUSE] ich vor fünf Minuten eine Cola getrunken habe.

          [Sie schreiben]   weil

          [Sie hören]   Ich habe keinen Durst, weil ich vor fünf Minuten eine Cola getrunken habe.

1. _____
2. _____
3. _____
4. _____
5. _____
6. _____

F. Versuchen Sie es selbst! You will hear the beginnings of several statements. Listen carefully and complete each one with the clue provided.

BEISPIEL: [Sie hören]   Ich gehe gern Ski laufen,

          [Sie sehen]   weil/es/Spaß machen

          [Sie schreiben]   weil es Spaß macht.

1. damit / wir / sie / bringen können / zum Recycling

   _____

2. obwohl / es / stehen / auf der Speisekarte

   _____

3. denn / sie / helfen wollen / der Umwelt

   _____

4. als / wir / haben geöffnet / ihn

   _____

5. aber / wir / nicht / reparieren können / ihn

   _____

6. daß / Peter / sollen kommen / am Montag

   _____

• Relative clauses and relative pronouns

G. Mit dem Essen stimmt was nicht! You will hear a series of statements. Indicate whether the clauses in each one are connected by a conjunction or a relative pronoun.

BEISPIEL: [Sie hören]   Klaus und Erika schauen die Speisekarte an und
                                           rufen dann den Kellner.

            [Sie markieren]   CONJUNCTION   RELATIVE PRONOUN
                                      ✓

CONJUNCTION   RELATIVE PRONOUN   CONJUNCTION   RELATIVE PRONOUN

1. _____   _____   7. _____   _____

2. _____   _____   8. _____   _____

3. _____   _____   9. _____   _____

4. _____   _____   10. _____   _____

5. _____   _____   11. _____   _____

6. _____   _____   12. _____   _____

H. Ein neues Auto. You will hear a series of incomplete statements. Listen carefully and complete each one by writing the correct relative pronoun.

BEISPIEL: [Sie hören]   Autos, [PAUSE] Benzinfresser sind, schaden der Umwelt.
            [Sie schreiben]   die

1. _____   6. _____

2. _____   7. _____

3. _____   8. _____

4. _____   9. _____

5. _____   10. _____

I. Bilden Sie die Relativsätze. You will hear a series of short sentences. Listen carefully and combine the sentences with a relative pronoun.

BEISPIEL: [Sie hören]   Der Fisch ist ein Tier. Es lebt ihm Wasser.

                 [Sie sagen]   Der Fisch ist ein Tier, das im Wasser lebt.

                 [Sie hören]   Der Fisch ist ein Tier, das im Wasser lebt.

            [Sie wiederholen]   Der Fisch ist ein Tier, das im Wasser lebt.

1. _ _ _

2. _ _ _

3. _ _ _

4. _ _ _

5. _ _ _

• Reflexive Pronouns and Reflexive Verbs

J. Gar nicht so einfach. You will hear a series of statements. Listen carefully and indicate whether you hear a personal pronoun in the accusative or dative case, or a reflexive pronoun.

BEISPIEL: [Sie hören]   Er will mich anrufen.

[Sie markieren]

PERSONAL PRONOUN	REFLEXIVE PRONOUN
✓	

	PERSONAL PRONOUN	REFLEXIVE PRONOUN			PERSONAL PRONOUN	REFLEXIVE PRONOUN
1.	_____	_____		7.	_____	_____
2.	_____	_____		8.	_____	_____
3.	_____	_____		9.	_____	_____
4.	_____	_____		10.	_____	_____
5.	_____	_____		11.	_____	_____
6.	_____	_____		12.	_____	_____

K. Welches Reflexivpronomen brauchen Sie? You will hear a series of incomplete statements. Listen carefully and complete each one by saying the appropriate reflexive pronoun. Then listen for the completed statement and repeat it after the speaker.

BEISPIEL: [Sie hören]   Warum ziehst du [PAUSE] schon wieder um, Barbara?

[Sie sagen]   dich

[Sie hören]   Warum ziehst du dich schon wieder um, Barbara?

[Sie wiederholen]   Warum ziehst du dich schon wieder um, Barbara?

1. _ _ _

2. _ _ _

3. _ _ _

4. _ _ _

5. _ _ _

L. Fragen, Fragen, Fragen. You will hear a series of questions. Listen carefully and write the answer to each one using the clue provided and a reflexive construction.

BEISPIEL: [Sie hören]   Wie oft schreibt ihr euch?

                      [Sie sehen]   fast jeden Tag

                [Sie schreiben]   Wir schreiben uns fast jeden Tag.

1. (nächstes Jahr) _____

2. (ja) _____

3. (nein) _____

4. (natürlich) _____

5. (beim Chef) _____

6. (na klar) _____

7. (vor dem Kino) _____

8. (nein) _____

9. (wollen / auf keinen Fall) _____

10. (kochen / eine Nudelsuppe) _____

• The Future Tense

M. Hören Sie den Unterschied? You will hear a series of statements with the verb **werden**. Mark if each statement is in the present tense or the future tense.

BEISPIEL: [Sie hören]   Morgen werde ich endlich einkaufen gehen.

              [Sie markieren]   PRESENT TENSE   FUTURE TENSE

                                _____   ___✓___

PRESENT TENSE	FUTURE TENSE
1. _____	_____
2. _____	_____
3. _____	_____
4. _____	_____
5. _____	_____
6. _____	_____
7. _____	_____
8. _____	_____
9. _____	_____

N. So viel zu tun—aber erst morgen! Regina checks her calendar to see what she has planned for the day, but she's looking at the wrong date. She has to do everything she mentions tomorrow, not today. Listen carefully and change each statement from the present tense to the future tense.

BEISPIEL: [Sie hören]   Zuerst klingelt der Wecker um sieben Uhr.

           [Sie schreiben]   Zuerst wird der Wecker um sieben Uhr klingeln.

1. _____

2. _____

3. _____

4. _____

5. _____

6. _____

7. _____

8. _____

9. _____

10. _____

11. _____

Zusammenschau

A. Im Gasthaus _Zum Löwen_. Nina has invited her family for a big lunch at a restaurant. Listen carefully to their conversation.

B. Wer sagt was? Listen to the conversation again and indicate who says each of the following words or expressions.

	Herr Z.	Frau Z.	Nina	Robert	Kellner
1. einladen	___	___	___	___	___
2. feiern	___	___	___	___	___
3. Projekt	___	___	___	___	___
4. Kellner	___	___	___	___	___
5. bitte schön	___	___	___	___	___
6. Speisekarte	___	___	___	___	___
7. sonst noch etwas?	___	___	___	___	___
8. Lieblingsessen	___	___	___	___	___
9. sich entscheiden	___	___	___	___	___
10. Kartoffelpuree	___	___	___	___	___
11. Reis	___	___	___	___	___
12. Pommes frites	___	___	___	___	___
13. Tagessuppe	___	___	___	___	___
14. zum Nachtisch	___	___	___	___	___
15. zu Fuß	___	___	___	___	___
16. sich wohl fühlen	___	___	___	___	___
17. Getränke	___	___	___	___	___
18. gute Idee	___	___	___	___	___

C. Verständnisfragen. Listen to the conversation a third time and write answers to the questions.

1. Feiern die Zieglers etwas Besonderes?

_____

2. Was trinken die Zieglers?

_____

3. Was bestellen sie?

Als Hauptgericht bestellen sie:

Robert: _____

Nina: _____

Frau Ziegler: _____

Herr Ziegler: _____

4. Wer bestellt ein Vorgericht und was für ein Vorgericht ist das?

_____

5. Was bestellen sie als Nachtisch?

Robert: _____

Nina: _____

Frau Ziegler: _____

Herr Ziegler: _____

6. Was passiert, als Nina bezahlen möchte?

_____

_____

D. Wie sagen Sie das? How would you express the following ideas? Listen to the conversation again for clues.

1. ob es noch etwas gibt, was man bestellen möchte?

_____

2. wenn man etwas essen will

_____

3. wenn man etwas trinken will

_____

4. wenn man nichts mehr braucht

_____

5. wenn man bezahlen möchte

_____

Zur Aussprache

A. Wiederholen Sie bitte! Listen carefully to the words and repeat each one after the speaker. All words contain the single consonant **l**.

BEISPIEL: [Sie hören]   manchmal
                      [Sie sagen]   manchmal
                      [Sie hören]   manchmal
              [Sie wiederholen]   manchmal

1. _ _ _   2. _ _ _   3. _ _ _

4. _ _ _   5. _ _ _   6. _ _ _

B. Hören Sie den Unterschied? Listen carefully to the words and repeat each one after the speaker. All words contain the double consonant **ll**.

BEISPIEL: [Sie hören]   schnell
                      [Sie sagen]   schnell
                      [Sie hören]   schnell
              [Sie wiederholen]   schnell

1. _ _ _   2. _ _ _   3. _ _ _

4. _ _ _   5. _ _ _   6. _ _ _

C. *l* oder *ll*? You will hear a series of words with the **l** sound. Indicate if the sound you hear represents a single **l** or a double **ll**.

BEISPIEL: [Sie hören]   Qualle

              [Sie markieren]   **l**   **ll**

                                       _____   __✓__

	l	**ll**			**l**	**ll**
1.	____	____		7.	____	____
2.	____	____		8.	____	____
3.	____	____		9.	____	____
4.	____	____		10.	____	____
5.	____	____		11.	____	____
6.	____	____		12.	____	____

D. Ein kleines Diktat. Listen carefully and write the words you hear.

BEISPIEL: [Sie hören]   Bluse

              [Sie schreiben]   Bluse

1. _____   6. _____

2. _____   7. _____

3. _____   8. _____

4. _____   9. _____

5. _____   10. _____

Kapitel 8

Vorshau

A. Die möblierte Wohnung. Mrs. Wild has unexpectedly returned to her apartment! Listen as Claudia, Martin and Peter race around trying to put things back where they belong.

B. Vokabeln. Listen to the conversation again and check the words you hear.

1. Das gibt's doch nicht! _____
2. Wohnung _____
3. pünktlich _____
4. zurückstellen _____
5. Kommode _____
6. Ecke _____
7. umziehen _____
8. häßlich _____
9. in die Mitte _____
10. nebenan _____
11. Ausrede _____
12. Toilette _____
13. zu Besuch kommen _____
14. umstellen _____
15. Licht _____

C. Vokabeln erraten! Listen to the conversation a third time and try to guess the meaning of the words below. Pay attention to the context in which each word is used or whether it is similar to an English word.

1. Maschinenschaden _____
2. verpassen _____
3. ..., ob alles in Ordnung ist _____
4. umgekehrt _____
5. Glühbirne _____

D. Verständnisfragen. Listen to the conversation one more time and write answers to the questions.

1. Was denkt Peter, warum Frau Wild vielleicht zur Wohnung zurückkommt?

   _____

2. Wohin stellen sie die Stehlampe?

   _____

3. Warum machen sie das?

   _____

4. Wo ist Maunz jetzt?

   _____

5. Was macht die Katze da?

   _____

6. Warum ist Frau Wild nicht abgeflogen?

   _____

7. Warum kommt sie zu ihrer Wohnung zurück?

   _____

   _____

8. Welche Ausrede hat Martin, als Frau Wild die Stehlampe sieht?

   _____

   _____

Funktionen und Formen

• Two-case Prepositions

A. Welche Präposition ist das? You will hear a series of statements containing prepositions. Listen carefully and indicate whether the preposition you hear is an accusative, dative, or two-case preposition.

BEISPIEL: [Sie hören]   Ich habe den Brief auf den Tisch gelegt.

[Sie markieren]

ACCUSATIVE	DATIVE	TWO-CASE
_____	_____	____✓____

	ACCUSATIVE	DATIVE	TWO-CASE
1.	_____	_____	_____
2.	_____	_____	_____
3.	_____	_____	_____
4.	_____	_____	_____
5.	_____	_____	_____
6.	_____	_____	_____
7.	_____	_____	_____
8.	_____	_____	_____
9.	_____	_____	_____
10.	_____	_____	_____
11.	_____	_____	_____
12.	_____	_____	_____

B. Ulrike räumt auf! You will hear a series of statements describing how Ulrike is arranging her room. Listen carefully and indicate whether the information you hear refers to where she puts the things, or where they are.

BEISPIEL: [Sie hören] Das Poster hängt an der Wand.

[Sie markieren] ACTION/ACCUSATIVE LOCATION/DATIVE

_____ ____✓____

	ACTION/ACCUSATIVE	LOCATION/DATIVE
1.	_____	_____
2.	_____	_____
3.	_____	_____
4.	_____	_____
5.	_____	_____
6.	_____	_____
7.	_____	_____
8.	_____	_____
9.	_____	_____
10.	_____	_____

C. *Wo* oder *wohin?* You will hear a series of statements. Listen carefully and write the question to which each statement is the logical response.

BEISPIEL: [Sie hören] Ich gehe ins Kino.

[Sie schreiben] Wohin gehst du?

1. _____
2. _____
3. _____
4. _____
5. _____
6. _____
7. _____
8. _____

• The Verbs *stellen, legen, hängen, stehen, liegen*

D. Fragen, Fragen, Fragen. You will hear a series of questions. Listen carefully and write an answer to each one using the clue provided.

BEISPIEL: [Sie hören]   Wo hängt das Poster?
                  [Sie sehen]   _____ _____ Schreibtisch.
                  [Sie schreiben]   Über dem Schreibtisch.

1. _____ _____ Couch.

2. _____ _____ Tisch.

3. _____ _____ Kühlschrank.

4. _____ _____ Herd.

5. _____ _____ Küche.

6. _____ _____ Teppich.

7. _____ _____ Schreibtisch.

8. _____ _____ Couchtisch.

9. _____ _____ Wohnzimmer.

10. _____ _____ Tisch.

11. _____ _____ Wand.

12. _____ _____ Kommode.

• N-nouns

E. *N*-Nomen: Singular oder Plural? You will hear a series of **n**-nouns. Listen carefully and indicate whether you hear the singular or plural form.

BEISPIEL: [Sie hören]   die Präsidenten

                  [Sie markieren]   SINGULAR   PLURAL

                                    _____   __✓__

	SINGULAR	PLURAL		SINGULAR	PLURAL
1.	_____	_____	9.	_____	_____
2.	_____	_____	10.	_____	_____
3.	_____	_____	11.	_____	_____
4.	_____	_____	12.	_____	_____
5.	_____	_____	13.	_____	_____
6.	_____	_____	14.	_____	_____
7.	_____	_____	15.	_____	_____
8.	_____	_____			

F. Noch mehr N-Nomen! You will hear a series of questions. Listen carefully and complete the response to each one using the clue provided.

BEISPIEL: [Sie hören]   Wieviele Kinder hat deine Schwester?
                       [Sie sehen]   Sie hat _____ (ein/Junge)
                       [Sie schreiben] Sie hat einen Jungen.

1. Ich habe _____ und _____ gesehen. (viele/Affe; zwei/Hase)

2. Nein, _____ habe ich noch nie gesehen. (dieser/Herr)

3. Ja, nebenan habe ich sehr nette _____ . (Nachbar)

4. Ja, aber nur, wenn wir keinen _____ treffen. (Bär)

5. Ja, ich habe viele freundliche _____ getroffen. (Student)

• The Genitive Case

G. Was ist hier die Genitivform? Listen carefully to the noun you hear and say its genitive form aloud. Then listen for the correct response and repeat it after the speaker.

BEISPIEL: [Sie hören]   Teppich
                       [Sie sagen]   des Teppichs
                       [Sie hören]   des Teppichs

1. _ _ _   6. _ _ _

2. _ _ _   7. _ _ _

3. _ _ _   8. _ _ _

4. _ _ _   9. _ _ _

5. _ _ _   10. _ _ _

H. Noch mehr Genitivformen! You will hear a series of clauses. Indicate whether you hear a genitive with **s** added to the noun or a genitive with a masculine **n**-noun.

BEISPIEL: [Sie hören]   der Vater des Piloten

                       [Sie markieren]   GENITIVE *S*   *N*-NOUN

                                         _____   __✓__

GENITIVE *S*	*N*-NOUN		GENITIVE *S*	*N*-NOUN
1. _____	_____		5. _____	_____
2. _____	_____		6. _____	_____
3. _____	_____		7. _____	_____
4. _____	_____		8. _____	_____

I. Wessen Sachen sind das? You will hear a series of questions. Answer each one using the genitive case and the clues provided.

BEISPIEL: [Sie hören]   Wessen Bücher sind das?
                   [Sie sehen]   Das sind d__ _____ mein____ Bruder___.
                   [Sie schreiben] Das sind die Bücher meines Bruders.

1. Das ist d_____ _____ mein_____ Freund_____.

2. Das ist d_____ _____ unser_____ Nachbar_____.

3. Das ist d_____ _____ ihr____ Schwestern.

4. Das ist d_____ _____ sein___ Großvater_____.

5. Das sind d____ _____ mein____ Großmutter.

6. Das ist d_____ _____ d_____ Privatpatient_____.

7. Das ist d_____ _____ d____ Baby___.

8. Das ist d_____ _____ d____ Millionär____.

• A Review of Adjective Endings

J. Ein Diktat. Listen carefully and fill in the adjective endings you hear.

ROLF: Ich habe ein___ riesig___ Hunger, Georg.

GEORG: Auf was hast du denn Lust, Rolf?

ROLF: Ich habe Lust auf ein___ saftig_____ Schnitzel. Natürlich mit ein____ groß___ Portion Pommes frites und frisch___ Salat.

GEORG: Ich möchte auch etwas essen. Aber ich habe Lust auf Nachtisch. Laß uns doch zu d____ neu____ italienisch_____ Restaurant gehen. Es gibt dort phantastisch_____ Eis!

ROLF: Aber es gibt kein____ richtig_____ Schnitzel, Georg.

GEORG: Vielleicht kannst du ja ein___ groß_____ Teller Spaghetti mit ein___ würzig_____ Tomatensoße essen und gut____, italienisch_____ Wein dazu trinken, Rolf.

ROLF: Französisch_____ Wein schmeckt mir aber besser.

GEORG: Beschwer' dich doch nicht immer, Rolf! Du kannst ja auch ein_____ kühl_____ Glas Bier trinken und ein_____ groß_____ Stück Pizza essen.

ROLF: Na, gut. Dann gehen wir jetzt aber! Ich muß endlich etwas essen.

K. Was ist dein Traumhaus? Claudia is talking to Stephanie about her dream home. Listen carefully for cues in Stephanie's questions and use them with the appropriate adjective construction in your answers.

BEISPIEL: [Sie hören]   Was für ein Haus möchtest du denn?
                     [Sie sehen]   (ein / elegant) Ich möchte _____
              [Sie schreiben]   Ich möchte ein elegantes Haus.

1. Ich möchte _____. (viel / hell)

2. Ich kaufe _____. (ein / groß / Kühlschrank)

3. Ja, ich möchte _____. (ein/ schön)

4. _____ wird an der Südseite des Hauses sein. (die / riesig)

5. Ja, aber am liebsten mag ich _____. (klein)

Zusammenschau

A. Die Wohngemeinschaft. Stephanie and Claudia have decided to move in with Bernd, Monika and Stefan. Listen as they discuss their new living arrangement.

B. Wer sagt was? Listen to the conversation again and indicate who says each word or expression.

	CLAUDIA	STEPHANIE
1. Vorteil	_____	_____
2. zumachen	_____	_____
3. laute Musik	_____	_____
4. ein bißchen leiser	_____	_____
5. beschweren	_____	_____
6. Spülbecken	_____	_____
7. meiner Meinung nach	_____	_____
8. aus dem Häuschen geraten	_____	_____
9. WG	_____	_____
10. Telefonrechnung	_____	_____
11. enorm	_____	_____
12. größten Teil	_____	_____
13. zurückrufen	_____	_____
14. möblierte Wohnung	_____	_____
15. Schwarzes Brett	_____	_____
16. umstellen	_____	_____
17. gießen	_____	_____
18. Küchenbenutzung	_____	_____

C. Verständnisfragen. Listen to the conversation again and write answers to the questions.

1. Warum ist Claudia froh endlich ganz in der Nähe von der Uni zu wohnen?

   _____

   _____

2. Was hat Stephanie gedacht, als sie in die WG eingezogen ist?

   _____

   _____

3. Warum war das letzte Woche nicht möglich?

   _____

   _____

4. Welche Probleme gibt es für Claudia, wenn sie etwas kochen möchte?

   _____

   _____

5. Wie hoch ist die Telefonrechnung?

   _____

6. Was ist das Problem mit der Telefonrechnung?

   _____

   _____

7. Warum glaubt Claudia, daß Stephanie den größten Teil zahlen soll?

   _____

   _____

8. Was sagt Stephanie dazu?

   _____

   _____

9. Was denkt Stephanie, was Claudia und sie tun sollen?

   _____

   _____

10. Warum glaubt Claudia, daß das keine Alternative ist, und was schlägt sie vor?

   _____

   _____

   _____

Zur Aussprache

A. Das kurze *e*. You will hear a series of words that contain the short **e** sound. Repeat each word after the speaker.

BEISPIEL: [Sie hören]   Eltern
             [Sie sagen]   Eltern

1. _ _ _   2. _ _ _   3. _ _ _   4. _ _ _   5. _ _ _

B. Das lange *e*. You will hear a series of words that contain the long **e** sound. Repeat each word after the speaker.

BEISPIEL: [Sie hören]   sehen
             [Sie sagen]   sehen

1. _ _ _   2. _ _ _   3. _ _ _   4. _ _ _   5. _ _ _

C. Hören Sie den Unterschied? You will hear a series of words containing the short and long **e** sounds. Indicate which sound you hear.

BEISPIEL: [Sie hören]   Problem
             [Sie markieren]   short **e**   long **e**

                            _____   ✓

	short **e**	long **e**		short **e**	long **e**		short **e**	long **e**
1.	_____	_____	5.	_____	_____	8.	_____	_____
2.	_____	_____	6.	_____	_____	9.	_____	_____
3.	_____	_____	7.	_____	_____	10.	_____	_____
4.	_____	_____						

D. Die Laute *k* und *z*. You will hear a series of statements containing the **k** and **z** sounds. Listen carefully and repeat each statement after the speaker.

BEISPIEL: [Sie hören]   Die Katze heißt Maunz.
             [Sie sagen]   Die Katze heißt Maunz.
             [Sie hören]   Die Katze heißt Maunz.
             [Sie sagen]   Die Katze heißt Maunz.

1. _ _ _   2. _ _ _   3. _ _ _   4. _ _ _   5. _ _ _

E. Wiederholen Sie bitte. You will hear a series of words containing the **r** sound. Listen carefully and repeat each word after the speaker.

BEISPIEL: [Sie hören]   gern
             [Sie sagen]   gern
             [Sie hören]   gern
             [Sie sagen]   gern

1. _ _ _   3. _ _ _   5. _ _ _   7. _ _ _

2. _ _ _   4. _ _ _   6. _ _ _   8. _ _ _

Kapitel 9

Vorschau

A. Eine interessante Reise. The travelling student arrives in his hometown and tells a friend what happened on his trip.

B. Vokabeln erklären. You will hear several words and expressions from the conversation. Listen carefully and explain each one in German. You may use antonyms, synonyms or definitions of the words. Write your answers down.

1. _____
2. _____
3. _____
4. _____
5. _____
6. _____
7. _____
8. _____

C. Welche Verben im Imperfekt hören Sie? Listen to the conversation again and write down at least eighteen of the simple past verb forms you hear.

1. _____   10. _____
2. _____   11. _____
3. _____   12. _____
4. _____   13. _____
5. _____   14. _____
6. _____   15. _____
7. _____   16. _____
8. _____   17. _____
9. _____   18. _____

D. Richtig oder Falsch? Listen to the following statements and indicate whether each one is true or false. Listen to the conversation a third time if necessary.

	RICHTIG	FALSCH		RICHTIG	FALSCH
1.	_____	_____	5.	_____	_____
2.	_____	_____	6.	_____	_____
3.	_____	_____	7.	_____	_____
4.	_____	_____	8.	_____	_____

Funktionen und Formen

• The Simple Past Tense

A. Imperfekt oder andere Zeitformen? You will hear a series of statements. Listen carefully and indicate whether each one is in the simple past tense or in another tense (present, present perfect or future). Then, listen a second time and identify the tense of the verb forms that are not in the simple past tense.

BEISPIEL: [Sie hören] Wir kommen morgen zu eurer Party.

[Sie markieren]

SIMPLE PAST	OTHER	TENSE
_____	___✓___	_____
		Present

[Sie schreiben]

SIMPLE PAST	OTHER	TENSE		SIMPLE PAST	OTHER	TENSE
1. _____	_____	_____	7.	_____	_____	_____
2. _____	_____	_____	8.	_____	_____	_____
3. _____	_____	_____	9.	_____	_____	_____
4. _____	_____	_____	10.	_____	_____	_____
5. _____	_____	_____	11.	_____	_____	_____
6. _____	_____	_____	12.	_____	_____	_____

B. Starkes oder schwaches Verb? You will hear a series of statements. Listen carefully and indicate whether the simple past verb form you hear is regular or irregular.

BEISPIEL: [Sie hören] Der Bauer ritt mit dem Pferd auf der Landstraße.

[Sie markieren]

IRREGULAR VERB	REGULAR VERB
___✓___	_____

IRREGULAR VERB	REGULAR VERB		IRREGULAR VERB	REGULAR VERB
1. _____	_____	9.	_____	_____
2. _____	_____	10.	_____	_____
3. _____	_____	11.	_____	_____
4. _____	_____	12.	_____	_____
5. _____	_____	13.	_____	_____
6. _____	_____	14.	_____	_____
7. _____	_____	15.	_____	_____
8. _____	_____			

C. Noch einmal! Listen to the statements in exercise B again and write down the infinitive forms of the verbs you hear.

BEISPIEL: [Sie hören]   Der Bauer ritt mit dem Pferd auf der Landstraße.
              [Sie schreiben]   reiten

1. _____   9. _____
2. _____   10. _____
3. _____   11. _____
4. _____   12. _____
5. _____   13. _____
6. _____   14. _____
7. _____   15. _____
8. _____

D. Welche Endung brauchen Sie? You will hear a series of infinitives. Listen carefully and write down the simple past form that corresponds to the personal pronoun in the clue.

BEISPIEL: [Sie hören]   gehen
              [Sie sehen]   Sie
              [Sie schreiben]   Sie gingen

1. er _____   7. du _____
2. sie/Sg. _____   8. sie/Pl. _____
3. ich _____   9. wir _____
4. wir _____   10. Sie _____
5. du _____   11. es _____
6. ihr _____   12. ihr _____

E. Andere Zeitformen, gleiche Bedeutung. You will hear a series of statements in the perfect tense. Listen carefully and rewrite each statement in the simple past tense.

BEISPIEL: [Sie hören]   Ich habe meine Hausaufgaben nicht gemacht.
              [Sie schreiben]   Ich machte meine Hausaufgaben nicht.

1. _____
2. _____
3. _____
4. _____
5. _____
6. _____

• The Past Perfect Tense

F. Ein langer Tag. You will hear a series of statements. Listen carefully and indicate whether each one is in the present perfect tense or the past perfect tense.

BEISPIEL: [Sie hören]   Gestern haben wir sehr viel gemacht.

                [Sie markieren]   PRESENT PERFECT   PAST PERFECT

                                       ✓

	PRESENT PERFECT	PAST PERFECT		PRESENT PERFECT	PAST PERFECT
1.	_____	_____	6.	_____	_____
2.	_____	_____	7.	_____	_____
3.	_____	_____	8.	_____	_____
4.	_____	_____	9.	_____	_____
5.	_____	_____	10.	_____	_____

G. An der Uni. You will hear a series of clauses in the simple past tense or the perfect tense. Listen carefully and complete each statement with **nachdem** and a past perfect construction. Use the clues provided.

BEISPIEL: [Sie hören]   Rita fuhr zur Uni,

               [Sie sehen]   (sie / frühstücken) nachdem _____

            [Sie schreiben]   nachdem sie gefrühstückt hatte.

1. (sie / sich treffen / in der Mensa)

   nachdem _____

2. (er / arbeiten / drei Stunden / in der Bibliothek)

   nachdem _____

3. (sie / sitzen / zwei Stunden / in der Vorlesung)

   nachdem _____

4. (sie / fahren / mit dem Bus / in die Stadt)

   nachdem _____

5. (sie / holen / Geld)

   nachdem _____

6. (sie / kommen / aus der Bibliothek)

   nachdem _____

7. (er / lernen / den ganzen Tag)

   nachdem _____

8. (Klaus / essen / eine Kleinigkeit)

   nachdem _____

• The Principal Parts of Irregular Verbs

H. Verbformen, Verbformen, Verbformen. You will hear the infinitive form of a verb. Listen carefully and say its simple past form and the past participle. Then listen and repeat the correct forms after the speaker.

BEISPIEL: [Sie hören]   gehen

             [Sie sagen]   ging   gegangen

             [Sie hören]   gehen   ging   gegangen

       [Sie wiederholen]   gehen   ging   gegangen

1. _ _ _   _ _ _   6. _ _ _   _ _ _

2. _ _ _   _ _ _   7. _ _ _   _ _ _

3. _ _ _   _ _ _   8. _ _ _   _ _ _

4. _ _ _   _ _ _   9. _ _ _   _ _ _

5. _ _ _   _ _ _   10. _ _ _   _ _ _

• *Wann, wenn,* and *als*

I. *Wann, wenn* oder *als*? You will hear a series of incomplete statements. Listen carefully and write down the conjunction needed to complete each one. Then listen and repeat the entire statement after the speaker.

BEISPIEL: [Sie hören]   Ich hatte das Märchen "Hänsel und Gretel" am liebsten, [PAUSE] ich ein Kind war.

         [Sie schreiben]   als

         [Sie hören]   Ich hatte das Märchen "Hänsel und Gretel" am liebsten, als ich ein Kind war.

       [Sie wiederholen]   Ich hatte das Märchen "Hänsel und Gretel" am liebsten, als ich ein Kind war.

1. _____   _ _ _

2. _____   _ _ _

3. _____   _ _ _

4. _____   _ _ _

5. _____   _ _ _

6. _____   _ _ _

7. _____   _ _ _

8. _____   _ _ _

• The Relative Pronoun

J. Welches Relativpronomen ist das? You will hear a series of statements containing relative pronouns. Listen carefully and indicate whether the relative pronoun is in the genitive case or another case. Then listen to the statements a second time and identify the case and number of the relative pronouns that are not in the genitive.

BEISPIEL: [Sie hören]   Das Märchen, das meine Großmutter mir erzählte, hieß "Hänsel und Gretel".

[Sie markieren]   GENITIVE   OTHER   CASE/NUMBER
                  _____   __✓__   _____

[Sie schreiben]   *accusative/singular*

GENITIVE	OTHER	CASE/NUMBER
1. _____	_____	_____
2. _____	_____	_____
3. _____	_____	_____
4. _____	_____	_____
5. _____	_____	_____
6. _____	_____	_____
7. _____	_____	_____
8. _____	_____	_____

K. Welches Relativpronomen brauchen Sie? You will hear a series of incomplete statements. Listen carefully and complete each one by writing down the appropriate genitive relative pronoun.

BEISPIEL: [Sie hören]   Ein Student, [PAUSE] Bündel sehr schwer war, war auf Wanderschaft.

[Sie schreiben]   dessen

1. _____
2. _____
3. _____
4. _____
5. _____

Zusammenschau

A. Werbung im Kaufhaus. You will hear a commercial in a department store.

B. Vokabeln. Listen to the commercial again and check the words you hear.

1. besuchen   ____
2. am Flughafen   ____
3. phantastisches Angebot   ____
4. Auswahl   ____
5. etwas Passendes   ____
6. mysteriös   ____
7. unterwegs   ____
8. direkt   ____
9. buchen   ____
10. Vergnügen   ____
11. im Erdgeschoß   ____
12. sparen   ____
13. öfter   ____
14. Scheck   ____
15. sammeln   ____

C. Verständnisfragen. Listen to the commercial a third time and write answers to the questions.

1. Wo findet man das Reisebüro?

_____

2. Welche Reiseangebote gibt es?

_____

3. Das erste Angebot:

     a. Wohin kann man reisen? _____

     b. Wann fährt der Bus ab? _____

     c. Wo fährt der Bus ab? _____

     d. Wo kann man den Fahrschein kaufen? _____

     _____

     e. Was kann man in der Stadt machen?

     _____

     f. Wann kommt man wieder zurück?

     _____

4. Das zweite Angebot:

    a. Wohin kann man reisen? _____

    b. Wann beginnt der Sommer-Service? _____

    c. Welche Spezialangebote für Direktflüge gibt es?

    _____

    d. Wieviel kosten sie? _____

    e. Wohin kann man weiterbuchen? _____

    f. Wie oft fliegt Lufthansa in der Woche? _____

    g. Wo kann man abfliegen? _____

    h. Wann bekommt man Freiflüge?

    _____

    i. Wann bekommt man doppelt so viele Kilometer?

    _____

Zur Aussprache

A. Der _s_ Laut. You will hear a series of words containing the **s** sound. Repeat each one after the speaker.

BEISPIEL: [Sie hören]   Sonne
              [Sie sagen]   Sonne
              [Sie hören]   Sonne
      [Sie wiederholen]   Sonne

1. _ _ _   4. _ _ _

2. _ _ _   5. _ _ _

3. _ _ _

B. Der _z_ Laut. You will hear a series of words containing the **z** sound. Repeat each one after the speaker.

BEISPIEL: [Sie hören]   Zahl
              [Sie sagen]   Zahl
              [Sie hören]   Zahl
      [Sie wiederholen]   Zahl

1. _ _ _   4. _ _ _

2. _ _ _   5. _ _ _

3. _ _ _

C. Wo hören Sie *s*, *ss* oder *ß*? You will hear a series of words. Listen carefully and circle the letters preceding all words that contain the sounds represented by the letters **s**, **ss**, or **ß**.

BEISPIEL:　　　[Sie hören]　　a. Straße　　　b. reisen　　　c. Walze

　　　　　　　[Sie markieren]　　a, b

1.　a　　　b　　　c
2.　a　　　b　　　c
3.　a　　　b　　　c
4.　a　　　b　　　c
5.　a　　　b　　　c

D. Wo hören Sie ein *z*? You will hear a series of words. Listen carefully and circle the letters preceding all words that contain the sound represented by the letter **z**.

BEISPIEL:　　　[Sie hören]　　A. Reise　　　b. Graz　　　c. Schweiz

　　　　　　　[Sie markieren]　　b, c

1.　a　　　b　　　c
2.　a　　　b　　　c
3.　a　　　b　　　c
4.　a　　　b　　　c
5.　a　　　b　　　c

E. Der *st* Laut. You will hear a series of words containing the **st** sound. Repeat each one after the speaker.

BEISPIEL:　　　[Sie hören]　　　Stefan

　　　　　　　[Sie sagen]　　　Stefan

　　　　　　　[Sie hören]　　　Stefan

　　　[Sie wiederholen]　　　Stefan

1. _ _ _
2. _ _ _
3. _ _ _
4. _ _ _
5. _ _ _

F. Der *sp* Laut. You will hear a series of words containing the **sp** sound. Repeat each one after the speaker.

BEISPIEL: [Sie hören]   Spanisch

                          [Sie sagen]   Spanisch

                          [Sie hören]   Spanisch

              [Sie wiederholen]   Spanisch

1. _ _ _
2. _ _ _
3. _ _ _
4. _ _ _
5. _ _ _

G. Ist das der *sp* oder *st* Laut? You will hear a series of words. Indicate whether you hear the **sp** or the **st** sound.

BEISPIEL: [Sie hören]   spielen

              [Sie markieren]   **sp**   **st**

                                              ✓
                                    _____   _____

	sp	**st**
1.	____	____
2.	____	____
3.	____	____
4.	____	____
5.	____	____
6.	____	____
7.	____	____
8.	____	____
9.	____	____
10.	____	____
11.	____	____
12.	____	____
13.	____	____
14.	____	____
15.	____	____

Kapitel 10

Vorschau

A. Kleine deutsche Chronik. You will hear a radio documentary that recounts some key events in German history from 1918 to 1990.

B. Richtig oder Falsch? You will hear a series of statements. Indicate whether each one is true or false. Listen to the documentary again if necessary.

	RICHTIG	FALSCH			RICHTIG	FALSCH
1.	_____	_____		6.	_____	_____
2.	_____	_____		7.	_____	_____
3.	_____	_____		8.	_____	_____
4.	_____	_____		9.	_____	_____
5.	_____	_____		10.	_____	_____

C. Geschichtliche Begriffe. Explain what the historical terms below refer to. Listen to the documentary again if necessary.

1. Weimarer Republik   _____

_____

2. Kristallnacht   _____

_____

3. Luftbrücke   _____

_____

4. Berliner Mauer   _____

_____

5. Die Wende   _____

_____

D. Komposita. Each word below is the last element of a compound word. Listen carefully to the documentary again and write the first element.

1. _____ bücher

2. _____ kanzler

3. _____ mord

4. _____ diktatur

5. _____ zonen

6. _____ gründung

7. _____ streifen

8. _____ vereinigung

Funktionen und Formen

• The Passive Voice

A. Passiv oder Aktiv? You will hear a series of statements. Listen carefully and indicate whether each one is in the passive voice or in the active voice.

BEISPIEL: [Sie hören] Im Jahr 1918 wurde der Erste Weltkrieg beendet.

[Sie markieren] PASSIVE VOICE ACTIVE VOICE

____✓____ _____

	PASSIVE VOICE	ACTIVE VOICE		PASSIVE VOICE	ACTIVE VOICE
1.	_____	_____	6.	_____	_____
2.	_____	_____	7.	_____	_____
3.	_____	_____	8.	_____	_____
4.	_____	_____	9.	_____	_____
5.	_____	_____	10.	_____	_____

B. Noch einmal zuhören! Listen to the statements in exercise A again and identify only the tenses of the **passive voice** with *Present* or *Simple Past*.

BEISPIEL: [Sie hören] Im Jahr 1918 wurde der Erste Weltkrieg beendet.

[Sie schreiben] Simple Past

1. _____

2. _____

3. _____

4. _____

5. _____

6. _____

7. _____

8. _____

9. _____

10. _____

C. So viel Arbeit! You will hear a series of statements in the active voice. Listen carefully and rewrite each statement in the passive voice.

BEISPIEL: [Sie hören]   Ich muß die Teller abwaschen.

               [Sie schreiben]   Die Teller müssen abgewaschen werden.

1. _____

2. _____

3. _____

4. _____

5. _____

6. _____

D. Wie können Sie das ausdrücken? You will hear a series of infinitives in combination with other sentence elements. Listen carefully and use the verbs in an impersonal passive construction. Use the clues provided.

BEISPIEL: [Sie hören]   stundenlang arbeiten

               [Sie sehen]   (Hier) _____

               [Sie schreiben]   Hier wird stundenlang gearbeitet.

1. (Hier) _____

2. (Von jetzt ab) _____

3. (Ab heute) _____

4. (Hier) _____

5. (Von heute ab) _____

E. Was ist mit Rotkäppchen passiert? You will hear a series of questions about the fairy tale "Little Red Riding Hood". Listen carefully and answer each question in the present passive, using the clues provided.

BEISPIEL: [Sie hören] Ich möchte wissen, wie das kleine Mädchen mit dem roten
Käppchen heißt.
[Sie sehen] (nennen / Rotkäppchen)
[Sie schreiben] Es wird Rotkäppchen genannt.

1. (von einem bösen Wolf / fressen)

   _____

2. (von Rotkäppchen / zur kranken Großmutter / bringen)

   _____

3. (von einem Wolf / ansprechen)

   _____

4. (die Großmutter und Rotkäppchen / können / von mir / fressen)

   _____

5. (von Rotkäppchen / pflücken)

   _____

6. (von dem bösen Wolf / fressen)

   _____

7. (auch von dem bösen Wolf / fressen)

   _____

8. (die Großmutter und Rotkäppchen / von dem Jäger / retten)

   _____

• Present-time Subjunctive

F. Was ist hier im Konjunktiv? You will hear a series of statements. Listen carefully and indicate which ones are in the subjunctive.

BEISPIEL: [Sie hören] Wenn ich mehr Geld hätte, würde ich eine größere Wohnung suchen.
[Sie markieren] SUBJUNCTIVE
✓

SUBJUNCTIVE

1. _____
2. _____
3. _____
4. _____
5. _____

SUBJUNCTIVE

6. _____
7. _____
8. _____
9. _____
10. _____

G. Verbformen, Verbformen, Verbformen! You will hear a series of phrases in the present tense. Listen carefully and say the present-time subjunctive equivalents. Use the **würde**-construction.

BEISPIEL: [Sie hören]   sie ruft an   [Sie hören]   sie würde anrufen
            [Sie sagen]   sie würde anrufen   [Sie wiederholen] sie würde anrufen

1. _ _ _   3. _ _ _   5. _ _ _   7. _ _ _

2. _ _ _   4. _ _ _   6. _ _ _   8. _ _ _

H. Noch mehr Verbformen. You will hear a series of phrases in the present tense. Listen carefully and say the present-time subjunctive equivalents. Do not use the **würde**-construction.

BEISPIEL: [Sie hören]   er muß   [Sie hören]   er müßte
            [Sie sagen]   er müßte   [Sie wiederholen] er müßte

1. _ _ _   3. _ _ _   5. _ _ _   7. _ _ _

2. _ _ _   4. _ _ _   6. _ _ _   8. _ _ _   9. _ _ _

I. Was würdest du tun, wenn ...? You will hear a series of questions. Listen carefully and answer in present-time subjunctive according to the model.

BEISPIEL: [Sie hören]   Was würdest du tun, wenn du ein neues Auto hättest?
            [Sie sehen]   (fahren / 10 000 Meilen durch Amerika)
            [Sie schreiben] Wenn ich ein neues Auto hätte, würde ich 10 000 Meilen durch
                             Amerika fahren.

1. (machen / eine Weltreise)

   _____

2. (lange schlafen und dann ins Kino gehen)

   _____

3. (stundenlang fernsehen)

   _____

4. (sich warm anziehen)

   _____

5. (eine Pizza bestellen)

   _____

6. (ganz schnell aufräumen)

   _____

7. (es reparieren lassen)

   _____

8. (nur noch weiße Bohnen essen)

   _____

• The Subjunctive in Polite Requests

J. Sagen Sie es höflicher! You will hear a series of requests. Express these requests more politely, using a present subjunctive form.

BEISPIEL: [Sie hören]   Kann ich mal telefonieren?
              [Sie sagen]   Könnte ich mal telefonieren?
              [Sie hören]   Könnte ich mal telefonieren?
       [Sie wiederholen]   Könnte ich mal telefonieren?

1. _ _ _   3. _ _ _   5. _ _ _

2. _ _ _   4. _ _ _

• Participles used as Adjectives

K. Partizip oder Adjektiv? You will hear a series of statements containing nouns modified by participles or adjectives. Listen carefully and indicate whether the modifiers you hear are participles or adjectives.

BEISPIEL: [Sie hören]   Das ist ein gut gebautes Haus.
      [Sie markieren]   PARTICIPLE   ADJECTIVE
                      ✓

	PARTICIPLE	ADJECTIVE			PARTICIPLE	ADJECTIVE
1.	_____	_____		6.	_____	_____
2.	_____	_____		7.	_____	_____
3.	_____	_____		8.	_____	_____
4.	_____	_____		9.	_____	_____
5.	_____	_____		10.	_____	_____

L. Wo ist hier das Partizip? You will hear a series of statements containing participles. Listen carefully and write down the participle and the noun it describes.

BEISPIEL: [Sie hören]   Ulrike trägt eine schicke, geblümte Bluse und einen blauen Rock.

       [Sie schreiben]   geblümte Bluse

1. _____
2. _____
3. _____
4. _____
5. _____
6. _____
7. _____
8. _____

M. Das schmeckt gut! You are ordering a meal in a restaurant. Listen carefully to the waiter's questions and answer using the clues provided and the participles as adjectives.

BEISPIEL: [Sie hören]   Was hätten sie denn gern als Vorspeise?
                [Sie sehen]   (die Zwiebelsuppe / hausgemacht)
          [Sie schreiben]   Ich hätte gern die hausgemachte Zwiebelsuppe.

1. (ein Stück von Ihrem Brot / selbstgebacken)

   _____

2. (ein Glas von Ihrem Bier / selbst gebraut)

   _____

3. (ein Rinderfilet / leicht gegrillt)

   _____

4. (Kartoffeln / gekocht / mit Salat / gemischt)

   _____

5. (einen Becher von Ihrem Fruchteis / hausgemacht)

   _____

Zusammenschau

A. Auf Reisen. Erik und Rita are travelling by bike through Mecklenburg-Vorpommern. Listen to their conversation.

B. Wer sagt das? Listen to the conversation again and check who says each of the following words or expressions.

	Rita	Erik
1. erreichen	_____	_____
2. empfehlen	_____	_____
3. Zettel	_____	_____
4. zur Zeit	_____	_____
5. Fremdenverkehrsamt	_____	_____
6. improvisieren	_____	_____
7. Hauptsaison	_____	_____
8. Schlafsäcke	_____	_____
9. sich ständig beschweren	_____	_____
10. großartig	_____	_____
11. sich erkälten	_____	_____

12. kompliziert   _____   _____

13. im Stau stehen   _____   _____

14. unvergeßlich   _____   _____

15. Erlebnis   _____   _____

16. in Erfüllung gehen   _____   _____

17. eine Menge Spaß   _____   _____

18. sich verabschieden   _____   _____

C. Vokabeln. Listen to the conversation again and explain what each expression below means. Use the context, other words you know, and the tone of voice to guess their meaning.

1. Ich bin wütend auf dich!

_____

2. Schade.

_____

3. Ich kapier' das einfach nicht!

_____

4. Das hängt mir zum Hals raus!

_____

5. ein Schild mit "Zimmer frei"

_____

6. Du bist ja übergeschnappt!

_____

7. Aus dem Alter bin ich raus.

_____

8. Das wäre doch großartig!

_____

9. Du gehst mir auf die Nerven!

_____

10. Ich hab' die Schnauze voll!

_____

D. Verständnisfragen. Listen to the conversation one more time and write answers to the following questions.

1. Warum ist Erik wütend auf Rita?

   _____

2. Warum hat Rita kein Zimmer reserviert?

   _____

3. Warum fragen sie nicht Uwe?

   _____

4. Was schlägt Rita vor? (nur die ersten drei Dinge)

   a. _____

   b. _____

   c. _____

5. Was sagt Erik über die Jugendherberge?

   _____

   _____

6. Was schlägt Rita dann vor?

   _____

   _____

7. Warum findet Erik das nicht gut?

   _____

   _____

8. Was könnte nach Eriks Meinung noch passieren?

   _____

   _____

9. Warum wäre das nach Ritas Meinung gar kein Problem?

   _____

   _____

10. Was passiert am Ende?

   _____

   _____

E. Hören Sie noch einmal gut zu! Rita and Erik used several prefix verbs in their conversation. You will hear a series of these verbs in the infinitive form. Indicate whether each verb you hear has a separable or an inseparable prefix. Listen whether the prefix is stressed or unstressed in pronunciation.

BEISPIEL: Sie hören: erreichen

Sie markieren:	SEPARABLE PREFIX	INSEPARABLE PREFIX
	_____	✓

	SEPARABLE PREFIX	INSEPARABLE PREFIX			SEPARABLE PREFIX	INSEPARABLE PREFIX
1.	_____	_____		9.	_____	_____
2.	_____	_____		10.	_____	_____
3.	_____	_____		11.	_____	_____
4.	_____	_____		12.	_____	_____
5.	_____	_____		13.	_____	_____
6.	_____	_____		14.	_____	_____
7.	_____	_____		15.	_____	_____
8.	_____	_____				

Zur Aussprache

A. Wiederholen Sie bitte! You will hear a series of statements containing the **f** sound. Listen carefully and repeat each statement after the speaker.

BEISPIEL: [Sie hören]   Volker fährt oft mit dem Fahrrad nach Frankfurt.
              [Sie sagen]   Volker fährt oft mit dem Fahrrad nach Frankfurt.
              [Sie hören]   Volker fährt oft mit dem Fahrrad nach Frankfurt.
         [Sie wiederholen]   Volker fährt oft mit dem Fahrrad nach Frankfurt.

1. _ _ _   3. _ _ _   5. _ _ _

2. _ _ _   4. _ _ _

B. Wiederholen Sie auch das! You will hear a series of statements containing the **w** sound. Listen carefully and repeat each statement after the speaker.

BEISPIEL: [Sie hören]   Veronika war im November in Venedig.
              [Sie sagen]   Veronika war im November in Venedig.
              [Sie hören]   Veronika war im November in Venedig.
         [Sie wiederholen]   Veronika war im November in Venedig.

1. _ _ _   3. _ _ _   5. _ _ _

2. _ _ _   4. _ _ _

C. Was ist hier der *f* Laut? You will hear a series of words. Listen carefully and circle the letters preceding all words that contain the **f**-sound.

BEISPIEL: [Sie hören]   a. Wasser   b. Fisch   c. Wolken   d. Elefant

                [Sie markieren]   b, d

1.   a   b   c   d
2.   a   b   c   d
3.   a   b   c   d
4.   a   b   c   d
5.   a   b   c   d

D. Was ist hier der *w* Laut? You will hear a series of words. Listen carefully and circle the letters preceding all words that contain the **w** sound.

BEISPIEL: [Sie hören]   a. Wasser   b. Fisch   c. Wolken   d. Elefant

                [Sie markieren]   a, c

1.   a   b   c   d
2.   a   b   c   d
3.   a   b   c   d
4.   a   b   c   d
5.   a   b   c   d

E. Ein kleines Diktat. Write down the words you hear.

1. _____
2. _____
3. _____
4. _____
5. _____
6. _____
7. _____
8. _____
9. _____
10. _____

Kapitel 11

Vorschau

A. Frauen im Beruf. Julia compares the life of a working woman at the beginning and at the end of the twentieth century. Listen to her thoughts.

B. Richtig oder Falsch? You will hear a series of statements about Julia's thoughts. Indicate whether they are true or false.

	RICHTIG	FALSCH			RICHTIG	FALSCH
1.	_____	_____		6.	_____	_____
2.	_____	_____		7.	_____	_____
3.	_____	_____		8.	_____	_____
4.	_____	_____		9.	_____	_____
5.	_____	_____		10.	_____	_____

C. Konjunktivformen. Listen to the following two sections of Julia's thoughts again and fill in the appropriate past-time subjunctive verb forms.

1. Wenn ich zu Beginn des 20. Jahrhunderts _____ _____,

   _____ Arbeit und Beruf eine ganz andere Bedeutung für mich

   _____ als heute. Wenn ich eine Frau aus der Arbeiterklasse _____

   _____, _____ ich bestimmt viele Kinder _____ und

   _____ mit Haushalt und Kindern eigentlich mehr als genug zu tun

   _____. Aber als Frau eines Arbeiters _____ ich auch noch

   außerhalb der Familie _____ _____, denn mein Mann

   _____ nicht genug _____, um uns alle zu ernähren.

2. Wenn mein Mann und ich in diesen sieben Jahren beide halbtags _____

   und halbtags die Kinder _____ und den Haushalt _____

   _____, _____ auch mein Mann viel Neues _____, und

   wir _____ beide keine Berufserfahrung _____. Vater und Kinder

   _____ sich viel besser _____, und wir _____ beide viel

   weniger gestreßt _____.

D. Synonyme Sätze. After each of the following five statements you will hear two initial statements, a. and b. Listen carefully and circle the letter of the statement that means approximately the same as the initial statement.

1. Ich bin berufstätig.

    a.   b.

2. Frau Müller ist finanziell unabhängig.

    a.   b.

3. Julia hat nicht soviel Berufserfahrung wie ihr Mann.

    a.   b.

4. In Ehe und Familie gibt es auch heute noch keine wirkliche Partnerschaft.

    a.   b.

5. Wenn Julia zu Beginn des 20. Jahrhunderts gelebt hätte, hätte sie bestimmt viele Kinder gehabt.

    a.   b.

Funktionen und Formen

• Past-time Subjunctive

A. Real oder irreal? You will hear a series of statements or questions. Listen carefully and indicate whether they describe factual situations or hypothetical situations.

BEISPIEL: [Sie hören]   Du hast mich unterbrochen.
                 [Sie markieren]   FACTUAL   HYPOTHETICAL
                                    SITUATION   SITUATION
                                    ✔   _____

FACTUAL SITUATION	HYPOTHETICAL SITUATION		FACTUAL SITUATION	HYPOTHETICAL SITUATION
1. _____	_____		9. _____	_____
2. _____	_____		10. _____	_____
3. _____	_____		11. _____	_____
4. _____	_____		12. _____	_____
5. _____	_____		13. _____	_____
6. _____	_____		14. _____	_____
7. _____	_____		15. _____	_____
8. _____	_____			

B. Welchen Konjunktiv hören Sie? Listen to the following statements or questions and decide whether they contain past-time or present-time subjunctives.

BEISPIEL: [Sie hören]   Wenn ich nur mehr Geld gehabt hätte!
          [Sie markieren]   PAST-TIME   PRESENT-TIME
                    SUBJUNCTIVE   SUBJUNCTIVE
                    ✔   _____

PAST-TIME SUBJUNCTIVE	PRESENT-TIME SUBJUNCTIVE		PAST-TIME SUBJUNCTIVE	PRESENT-TIME SUBJUNCTIVE
1. _____	_____	10. _____	_____
2. _____	_____	11. _____	_____
3. _____	_____	12. _____	_____
4. _____	_____	13. _____	_____
5. _____	_____	14. _____	_____
6. _____	_____	15. _____	_____
7. _____	_____	16. _____	_____
8. _____	_____	17. _____	_____
9. _____	_____	18. _____	_____

C. Wenn das nur nicht passiert wäre! You will hear some statements of fact. Listen carefully and then transform them into hypothetical statements according to the model.

BEISPIEL: [Sie hören]   Ich bin so schnell gerannt.
          [Sie sagen]   Wenn ich nur nicht so schnell gerannt wäre!
          [Sie hören]   Wenn ich nur nicht so schnell gerannt wäre!
          [Sie wiederholen]   Wenn ich nur nicht so schnell gerannt wäre!

1. _ _ _   6. _ _ _
2. _ _ _   7. _ _ _
3. _ _ _   8. _ _ _
4. _ _ _   9. _ _ _
5. _ _ _   10. _ _ _

D. Was hättest du getan, wenn ...? You will hear a series of questions. Listen carefully and answer each question in past-time subjunctive. Use the cues provided.

BEISPIEL: [Sie hören]   Was hättest du getan, wenn du letzten Sommer mehr Geld gehabt hättest?
          [Sie sehen]   (nach Europa fliegen)
          [Sie sagen]   Ich wäre nach Europa geflogen.
          [Sie hören]   Ich wäre nach Europa geflogen.
          [Sie wiederholen]   Ich wäre nach Europa geflogen.

1. (mir schöne Postkarten kaufen)   4. (schnell eine große Pizza bestellen)
2. (mit dem Bus weiterfahren)   5. (zu einem Freund gehen und dort übernachten)
3. (Sommerkurse nehmen)   6. (schnell zu meinem Freund fahren und dort weiterschauen)

E. Meine Schwester hätte diesen Typ nicht heiraten sollen! You will hear Lisa describing her sister's wedding. Using the cues provided, say how Lisa feels about the events at this wedding.

BEISPIEL: [Sie hören]   Meine Schwester hat diesen Typ geheiratet.
                       [Sie sehen]   ich, wollen
                       [Sie sagen]   Ich hätte diesen Typ nicht heiraten wollen.
                       [Sie hören]   Ich hätte diesen Typ nicht heiraten wollen.
      [Sie wiederholen]   Ich hätte diesen Typ nicht heiraten wollen.

1. ich, mögen

2. wir, sollen

3. ich, können

4. mein Großvater, sollen

5. mein Onkel, sollen

6. ich, mögen

• Special Verb-preposition Combinations

F. Präfix oder Präposition? You will hear a series of statements and questions. Listen carefully and indicate whether the verb you hear has a prefix or is combined with a preposition.

BEISPIEL: [Sie hören]   Ich freue mich auf die Weihnachtsferien.
      [Sie markieren]   PREFIX   PREPOSITION
                        _____   ✔

	PREFIX	PREPOSITION		PREFIX	PREPOSITION
1.	_____	_____	9.	_____	_____
2.	_____	_____	10.	_____	_____
3.	_____	_____	11.	_____	_____
4.	_____	_____	12.	_____	_____
5.	_____	_____	13.	_____	_____
6.	_____	_____	14.	_____	_____
7.	_____	_____	15.	_____	_____
8.	_____	_____	16.	_____	_____

G. Noch einmal zuhören! Listen to the statements and questions in exercise F again and write down the infinitive form of each verb. For special verb-preposition combinations include the preposition, the case it requires, and the reflexive marker **sich,** when necessary.

BEISPIEL: [Sie hören]   Ich freue mich auf die Weihnachtsferien.
              [Sie schreiben]   sich freuen auf (+ acc.)

1. _____

2. _____

3. _____

4. _____

5. _____

6. _____

7. _____

8. _____

9. _____

10. _____

11. _____

12. _____

13. _____

14. _____

15. _____

16. _____

H. Ein wichtiges Projekt. You will hear a series of incomplete statements about Tanja's project for her biology course. Each incomplete statement contains a verb-preposition combination. Listen carefully and complete each statement by writing the correct preposition for each verb. You will then hear and repeat the complete statement.

BEISPIEL: [Sie hören]   Tanja arbeitet [PAUSE] einem Projekt für ihren Biologiekurs.
              [Sie schreiben]   an
              [Sie hören]   Tanja arbeitet an einem Projekt für ihren Biologiekurs.
              [Sie wiederholen]   Tanja arbeitet an einem Projekt für ihren Biologiekurs.

1. _____   6. _____

2. _____   7. _____

3. _____   8. _____

4. _____   9. _____

5. _____   10. _____

• *Da-* and *wo*-compounds

I. *Wo*-Formen oder *da*-Formen? You will hear a series questions and statements. Repeat each one and then write the **wo**-compound or **da**-compound that you have heard.

BEISPIEL:
        [Sie hören]   Woran arbeitet Tanja so viel?
    [Sie wiederholen]   Woran arbeitet Tanja so viel?
      [Sie schreiben]   woran

1. _____
2. _____
3. _____
4. _____
5. _____
6. _____

J. Fragen und Antworten. You will see and hear a series of answers. Form questions that make sense in the context and introduce each question with a **wo**-compound or with a preposition followed by the question word **wen**.

BEISPIEL:
        [Sie sehen   Tanja arbeitet an einem Projekt für ihren
      und hören]   Biologiekurs.
       [Sie fragen]   Woran arbeitet Tanja?
       [Sie hören]   Woran arbeitet Tanja?
    [Sie antworten]   An einem Projekt für ihren Biologiekurs.
       [Sie hören]   An einem Projekt für ihren Biologiekurs.

1. Tanja interessiert sich sehr für diesen Kurs.

2. Sie denkt Tag und Nacht an ihr Projekt.

3. Sie erzählt ihrem Freund Toni oft stundenlang von ihrer Arbeit.

4. Toni weiß deshalb sehr viel von diesem Projekt.

5. Manchmal ärgert er sich Toni ein bißchen über Tanja.

6. Tanja denkt nicht genug an ihren Freund.

7. Manchmal hat Toni fast ein bißchen Angst vor Tanjas Klugheit.

8. Tanja muß manchmal über Toni lachen.

9. Toni freut sich auf die Semesterferien.

10. Tanja wird sich dann bestimmt wieder mehr für ihren Freund Toni interessieren.

K. Noch mehr Fragen und Antworten. Listen carefully to the following questions and answer them using the cues and **da**-compounds or prepositions followed by personal pronouns.

BEISPIEL: [Sie hören] Was weißt du von dieser Sache?
           [Sie sehen] gar nichts
           [Sie sagen] Ich weiß gar nichts davon.
           [Sie hören] Ich weiß gar nichts davon.
  [Sie wiederholen] Ich weiß gar nichts davon.

1. leider gar nichts

2. nein, nicht

3. ja, sehr

4. ja, sehr

5. ja, jeden Tag

6. über eine Stunde

7. eine halbe Stunde

8. ja, große

9. nein, keine

10. ja, sehr

11. bis jetzt noch gar nichts

12. nein, gar nicht

Zusammenschau

A. Endlich sind sie zu Hause! Thomas' parents have come home very late. Thomas is still up and wants to talk to them. Listen to Thomas' conversation with his parents.

B. Wer sagt das? Listen to the conversation again and check who says the words and expressions.

	Thomas	Vater	Mutter
1. warten auf	_____	_____	_____
2. recht haben	_____	_____	_____
3. Probleme haben	_____	_____	_____
4. versprechen	_____	_____	_____
5. verstehen	_____	_____	_____
6. einen Augenblick	_____	_____	_____
7. komisch riechen	_____	_____	_____
8. Essen aufwärmen	_____	_____	_____
9. aufputzen	_____	_____	_____
10. versuchen	_____	_____	_____
11. so schwarz	_____	_____	_____
12. in Flammen aufgehen	_____	_____	_____
13. tut mir echt leid	_____	_____	_____
14. in aller Frühe	_____	_____	_____
15. etwas ganz Schönes	_____	_____	_____

C. Verständnisfragen. Listen to the conversation a third time and write answers to the following questions.

1. Warum ist Thomas noch nicht im Bett?

   _____

2. Was hätte Thomas tun sollen?

   _____

3. Womit hat Thomas Probleme?

   _____

4. Was hat sein Vater ihm versprochen?

   _____

5. Warum mag Thomas die Hilfe auf dem Tonband nicht?

   _____

6. Warum geht der Vater mit Thomas in die Küche?

   _____

7. Warum ist Thomas' Essen auf dem Fußboden gelandet?

   _____

8. Warum hat Thomas die Nudeln in der Küche vergessen?

   _____

9. Was hätte da passieren können?

   _____

10. Was haben Thomas' Eltern morgen vor?

   _____

Zur Aussprache

A. Der *pf* Laut. You will hear a series of statements containing the **pf** sound. Listen carefully and repeat each statement after the speaker.

BEISPIEL: [Sie hören]   Nimm diese Tropfen für deinen Schnupfen.
              [Sie sagen]   Nimm diese Tropfen für deinen Schnupfen.
              [Sie hören]   Nimm diese Tropfen für deinen Schnupfen.
        [Sie wiederholen]   Nimm diese Tropfen für deinen Schnupfen.

1. _ _ _
2. _ _ _
3. _ _ _
4. _ _ _
5. _ _ _

B. Der *kn* Laut. You will hear a series of statements containing the **kn** sound. Listen carefully and repeat each statement after the speaker.

BEISPIEL: [Sie hören]   Herr Knopf sitzt im Knast.
              [Sie sagen]   Herr Knopf sitzt im Knast.
              [Sie hören]   Herr Knopf sitzt im Knast.
        [Sie wiederholen]   Herr Knopf sitzt im Knast.

1. _ _ _
2. _ _ _
3. _ _ _
4. _ _ _
5. _ _ _

Answer Key

KAPITEL 1

Vorschau

B. 1. 2
  2. Jeff, Danni, Jürgen
  3. Buffalo, Frankfurt
  4. Juli, August
  5. c, e, f, h, j

C. 1. b
  2. a
  3. c
  4. b, d
  5. b

Funktionen und Formen

A. 1. der Fußball
  2. das Bett
  3. die Lampe
  4. die Rose
  5. das Weinglas
  6. der Mond
  7. das Haus
  8. der Hammer
  9. die Vase
  10. das Buch

B. 1. ein Student
  2. ein Bett
  3. eine Banane
  4. ein Ball
  5. ein Schuh
  6. eine Katze
  7. ein Haus
  8. ein Auto
  9. eine Maus
  10. ein Apfel

C. Singular 2, 6, 8, 10
  Plural 1, 3, 4, 5, 7, 9

D. 1. sie gehen
  2. sie wandert
  3. er lernt
  4. wir kommen
  5. ich mache

E. yes/no questions 2, 4, 5, 6, 9, 11
  information 1, 3, 7, 8, 10, 12
  questions

F. 1. Regnet es den ganzen Tag?
  2. Ist der Himmel im Winter grau?
  3. Ist es weit bis zur Uni?
  4. Ist heute Dienstag?
  5. Ist Matthias ein bißchen verrückt?
  6. Kommt sie mit in die Kneipe?

G. 1. Wer
  2. Was
  3. Wohin
  4. Woher
  5. Wie
  6. Wo
  7. Wann

H. 1. Wer kauft heute nachmittag ein Auto?
     Was machen sie heute nachmittag?
     Wann kaufen sie ein Auto?
     Was kaufen sie heute nachmittag?
     Kaufen sie heute nachmittag ein Auto?
  2. Wer studiert Geologie?
     Was macht Thomas?
     Was studiert Thomas?
     Studiert Thomas Geologie?
  3. Wer beginnt morgen mit der Arbeit?
     Was macht Silke morgen?
     Wann beginnt Silke mit der Arbeit?
     Beginnt Silke morgen mit der Arbeit?
  4. Wer findet das Sweatshirt sehr schön?
     Was findet Anna sehr schön?
     Wie findet Anna das Sweatshirt?
     Findet Anna das Sweatshirt sehr schön?
  5. Wer spielt jeden Samstag Monopoly?
     Was macht ihr jeden Samstag?
     Wann spielt ihr Monopoly?
     Was spielt ihr jeden Samstag?
     Spielt ihr jeden Samstag Monopoly?

I. 1. ... komme nicht mit ins Konzert.
    2. ... studiert heute abend nicht.
    3. ... ist kein Weinglas.
    4. ... geht nicht oft in die Kneipe.
    5. ... ist keine Tulpe.

Zusammenschau

A.   Jeff 2, 5, 7, 10, 11
      Klaus 1, 3, 4, 6, 8, 9, 12

C. 1. L
    2. U
    3. L
    4. U
    5. U
    6. U

D. 1. b
    2. a, b
    3. b
    4. a, c
    5. a, c

Zur Aussprache

A. 1. Wetter
    2. bezahlen
    3. Jahr
    4. interessant
    5. Eishockey
    6. fertig
    7. Bibliothek
    8. Entschuldigung
    9. Vase
    10. regnen

B. 1. fünf
    2. acht
    3. bißchen
    4. Köln
    5. Universität
    6. gleich
    7. Grüß dich
    8. nicht
    9. nichts
    10. Arzt
    11. windig
    12. ich

C. 1. heiß
    2. dreißig
    3. hören
    4. schön
    5. Bäcker
    6. Käse
    7. grün
    8. grüßen

KAPITEL 2

Vorschau

B. 1. 3
    2. Stephanie, Michael, Martina
    3. 10 Uhr
    4. b
    5. d

C. 1. a. Der Flug war stinklangweilig.
       b. Sie sitzt stundenlang im
          Flugzeug.
       c. Das Essen war schlecht.
       d. Der Film war doof.
    2. Es ist erst 10 Uhr morgens in
       Deutschland; sie muß bis zum Abend
       warten.
    3. Fruit Loops mit viel Milch.
    4. a. Brötchen
       b. ein gekochtes Ei
       c. Marmelade
       d. Kaffee
       e. Tee
       f. Salami
       g. Orangensaft
    5. Stephanie: Gitarre
       Martina: Schlagzeug
       Michael: Saxophon
    6. Am Nachmittag kommen Freunde von
       Michael und Martina.
    7. Sie machen alle zusammen Musik.

Funktionen und Formen

A. 1. ich
    2. Elke und Andreas
    3. ihr
    4. Sie/Frau Müller
    5. du
    6. Herr Schulz
    7. wir
    8. Klaus
    9. wir
   10. Barbara

B. Nominative: Opa, Thomas, du, Klaus, wer, Frau Ziegler, es, das Kind, Zieglers, Sabine
    Accusative: Kaffee, Tee, Haus, Auto, Salami, Koffer, Mittagessen, Milch, wen, Oma, Rock, Schuhe, Bluse

C. 1. Ja, ich brauche meinen Wintermantel.
    2. Ja, ich brauche deutsche Wörterbücher.
    3. Ja, ich bringe meine Kasetten.
    4. Ja, ich kaufe einen neuen Anzug.
    5. Ja, ich brauche gute Winterstiefel.
    6. Ja, ich bringe meine braunen Socken.
    7. Ja, ich bringe einen großen Koffer.
    8. Ja, ich kaufe eine graue Jacke.

D. 1. Ich brauche guten Wein.
    2. Ich trinke gern kaltes Wasser.
    3. Ich brauche einen schwarzen Anzug.
    4. Ja, ich brauche eine billige Wohnung.
    5. Ich besuche meine netten Großeltern.

E. 1. Jeder Test...
    2. ...dieses blaue Kleid...
    3. Manche Studenten...
    4. Jede Wohnung...
    5. Solche Häuser...
    6. Welches Buch...

F. 1. haben
    2. lesen
    3. erkennen
    4. werden
    5. laufen
    6. besuchen
    7. sein
    8. sehen
    9. fahren
   10. nehmen
   11. wohnen
   12. sein

G. 1. du schläfst er, es, sie schläft
    2. du hast er, es, sie hat
    3. du telefonierst er, es, sie telefoniert
    4. du bist er, es, sie ist
    5. du läßt er, es, sie läßt
    6. du trägst er, es, sie trägt
    7. du ißt er, es, sie ißt
    8. du bäckst er, es, sie bäckt
    9. du kochst er, es, sie kocht
   10. du liest er, es, sie liest
   11. du nimmst er, es, sie nimmt
   12. du trinkst er, es, sie trinkt
   13. du gibst er, es, sie gibt
   14. du wäschst er, es, sie wäscht
   15. du wirst er, es, sie wird

H. 1. Sg/1st
    2. Sg/2nd
    3. Sg/2nd
    4. Pl/1st, 3rd; Sie
    5. Sg/3rd
    6. Sg/1st
    7. Sg/2nd, 3rd
    8. Sg/1st
    9. Sg/3rd; Pl/2nd
   10. Pl/2nd
   11. Pl/1st, 3rd; Sie
   12. Sg/2nd
   13. Pl/2nd
   14. Sg/2rd
   15. Sg/3rd

I. gern: 2, 3, 5, 8, 9
    lieber: 1, 4, 6, 7, 10

J. 1. Ich höre gern Rock/Jazz/Country/Blues.
    2. Ich gehe gern wandern/Ski laufen/schwimmen/surfen.
    3. Ich esse gern Hamburger/Lachs/Salat/Oliven.
    4. Ich trage gern Jeans/Röcke/Anzüge/Sweatshirts.
    5. Ich spiele gern Fußball/Basketball/Golf/Tennis.
    6. Ich trinke gern Milch/Wasser/Kognak/Bier.

K. 1. Ich höre gern
Rock/Jazz/Country/Blues, aber ich
höre lieber Rock/Jazz/Country/Blues.
2. Ich gehe gern wandern/Ski
laufen/schwimmen/surfen, aber ich
gehe lieber wandern/Ski
laufen/schwimmen/surfen.
3. Ich esse gern
Hamburger/Lachs/Salat/Oliven, aber
ich esse lieber
Hamburger/Lachs/Salat/Oliven.
4. Ich trage gern
Jeans/Röcke/Anzüge/Sweatshirts,
aber ich trage lieber
Jeans/Röcke/Anzüge/Sweatshirts
5. Ich spiele gern
Fußball/Basketball/Golf/Tennis, aber
ich spiele lieber
Fußball/Basketball/Golf/Tennis.
6. Ich trinke gern
Milch/Wasser/Kognak/Bier, aber ich
trinke lieber
Milch/Wasser/Kognak/Bier.

Zusammenschau

B. 1, 2, 4, 6, 8, 12, 13, 15

C. 1. at Christmas
2. the rest of the time, the remaining
time
3. finished with your studies
4. loud music
5. better
6. at the water, at the waterfront
7. to see again; when do you see your
parents again?

D. 1. a
2. d
3. a, b, c
4. b
5. b
6. a, c
7. d

Zur Aussprache

A. 1. a
2. a, c
3. b
4. a, c
5. b, c

B. 1. beide
2. Wein
3. Frankenstein
4. Reise
5. Schweiz
6. Studentenheim
7. drei
8. leider

C. 1. b, c
2. c
3. a, b
4. a, c
5. a, b

D. 1. Zieglers
2. nie
3. Wien
4. vier
5. studieren
6. Demokratie
7. riechen
8. Stiefel

E. 1. Schweiz
2. langweilig
3. niemand
4. heißen
5. Studentenheim
6. leider
7. nie
8. Stiefvater
9. fotografieren
10. verdienen

KAPITEL 3

Vorschau

B. 1. Köln
    2. München
    3. am nächsten Freitag; früh morgens
    4. 140 DM.
    5. 112 DM
    6. Fensterplatz, Zweite Klasse, Nichtraucher

C. | | Köln ab | Frankfurt | München an |
    |---|---|---|---|
    | 1. | 5 Uhr 18 | | 14 Uhr 09 |
    | 2. | 6 Uhr 32 | | 15 Uhr 23 |
    | 3. | 9 Uhr 17 | an: 11 Uhr 14 | |
    | | | ab: 11 Uhr 45 | 17 Uhr 39 |
    | 4. | oder: | | 15 Uhr 03 |

D. 1. arrival
    2. changing trains in Frankfurt
    3. continue to travel
    4. additional charge
    5. student reduction, student's ticket
    6. to make a reservation
    7. smoking or nonsmoking
    8. window seat

Funktionen und Formen

A. Present Tense 2, 4, 5, 8, 9, 10
    Infinitive 1, 3, 6, 7

B. 1. vorbereiten
    2. ausgehen
    3. mitkommen
    4. spazierengehen
    5. heimkommen
    6. anrufen
    7. weggehen
    8. anprobieren
    9. vorhaben
    10. anhören

D. Imperativ: 2, 3, 6, 9, 12
    ja/nein Frage: 1, 4, 5, 7, 8, 10, 11

E. Singular/informal 1, 4, 9
    Plural/informal 3, 5, 6, 8
    formal 2, 7, 10

H. 1. wollen
    2. darf
    3. können
    4. muß
    5. könnt
    6. möchte
    7. darf
    8. mögen
    9. müssen
    10. kann.

I. 1. kann
    2. mag
    3. wollen
    4. sollt
    5. dürft; müßt

Zusammenschau

B. ja: 1, 2, 5, 7, 8, 9, 11, 12

C. 5, 1, 4, 2, 3

D. 1. a, c
    2. b
    3. b
    4. d
    5. a, b

Zur Aussprache

A. lang: 1, 4, 6
    kurz: 2, 3, 5

B. lang: 3, 4, 6
    kurz: 1, 2, 5

C. lang: 1, 2, 5
    kurz: 3, 4, 6

D. lang: 1, 4, 6
    kurz: 2, 3, 5

KAPITEL 4

Vorschau

B.   Claudia 1, 2, 5, 6 ,7, 9, 10
         Martin 3, 4, 8

C. 1. Claudia a, c
   2. Martin b
   3. Martin a
   4. Claudia a, b
   5. Martin c
   6. Claudia/Martin b, c

D. 1. U
   2. L
   3. U
   4. U
   5. L

Funktionen und Formen

A. 1. für
   2. gegen
   3. ohne
   4. durch
   5. um

B. 1. durch den
   2. ohne
   3. gegen deinen
   4. um das
   5. für dich

C. 1. um/gegen das Haus
   2. für dich
   3. Brasilien gegen Italien
   4. um die Ecke
   5. um 7 Uhr
   6. durch meinen Freund

D. 1. kennst
     kennen
   2. wißt
     wissen
   3. weiß
     weiß
   4. Kennt
     kennt
   5. wissen
     weiß
   6. Kennen
     kenne

E.   present tense 1, 3, 4, 6, 7, 8, 11
         simple past 2, 5, 9, 10, 12

F. 1. Elvira und Ernst waren
     verheiratet.
   2. Ich hatte keine Zeit.
   3. Waren das Ihre Bücher?
   4. Hattest du eine neue Adresse?
   5. Klaus war allein.
   6. Ihr wart dann leider nicht zu Hause.

G. 1. war
   2. war
   3. hatte
   4. wart
   5. hatten

H.   Present Tense 2, 4, 5
         Simple Past 1, 3, 6

I. 1. mögen
   2. müssen
   3. wollen
   4. müssen
   5. können
   6. wollen
   7. mögen
   8. mögen
   9. dürfen
  10. können
  11. wollen
  12. sollen
  13. dürfen
  14. können
  15. dürfen

J. 1. ich konnte
   2. du durftest
   3. ihr konntet
   4. wir wollten
   5. ihr mußtet
   6. ich mußte
   7. ich mochte
   8. sie, Sie durften
   9. du wolltest
  10. sie, Sie mußten

K. 1. Wir mußten das Auto waschen.
   2. Ich wollte ein neues Kleid kaufen.
   3. Der kleine Junge durfte keine
     Schokolade essen.
   4. Nein, wir konnten nicht kommen.
   5. Ihr solltet die Hausaufgaben machen.

Zusammenschau

A.   1, 3, 5, 6, 7, 9

B. 1. wollte/Martin
    2. wollten/Martin
    3. möchten/Martin
    4. wollt/Vanessa
    5. muß/Martin
    6. will/Vanessa
    7. soll/Vanessa
    8. möchtest/Martin
    9. muß/Vanessa
  10. können/Martin
  11. können/Martin
  12. müssen/Vanessa

C. 1. b
    2. c
    3. c
    4. a
    5. a, b

Zur Aussprache

A. 1. d
    2. c
    3. a, d
    4. b, c
    5. a, c, d
    6. a, d

B. 1. jünger
    2. Töne
    3. jährlich
    4. öfter
    5. Väter
    6. Brüder
    7. älter
    8. größer
    9. Füße
  10. Töchter
  11. Mütter
  12. schläfrig

C. 1. a, b, d
    2. a, b, d
    3. a, c
    4. b, c
    5. b, d
    6. a, d

E. ei 1, 5, 6
   ie 2, 3, 4

F. 1. Töchter
    2. Fuß
    3. noch
    4. vielleicht
    5. älter
    6. gleich
    7. Brüder
    8. Mutter
    9. Räder
  10. öfter

KAPITEL 5

Vorschau

B. 1. Sie sind nach Australien gefahren.
    2. Sie sind von Anfang Juli bis Ende August geblieben.
    3. Sie waren zuerst in Sydney.
    4. Sie sind nach Melbourne gereist.
    5. Sie haben ein Auto gemietet.
    6. Frauke hat ihren Paß im Hotel vergessen.
    7. Jemand hat den Paß gefunden und dem Manager des Hotels abgegeben.
    8. Der Manager hat den Paß mit der Post geschickt.
    9. Es hat keine Probleme mehr gegeben.
  10. Sie wollen Bilder von der Reise anschauen und Kaffee trinken.

C. 1. b
    2. b, c
    3. d
    4. a
    5. a

D. 1. at the last minute
    2. something stupid happened to me, I did something stupid
    3. to oversleep
    4. in a hurry
    5. by express mail
    6. That was lucky!

Funktionen und Formen

A. 1. einunddreißigsten zwölften
    2. dritten
    3. erste
    4. neunzehnten
    5. dreizehnte
    6. fünfundzwanzigsten achten
    7. siebten

B. 1. 24.
    2. 2, 1
    3. 19.
    4. 1683
    5. 506 400
    6. 2.
    7. 8.
    8. 14
    9. 12 Uhr 15
    10. 27.10.

C. Present Tense: 2, 3, 4
    Perfect Tense: 1, 5, 6, 7, 8

F. haben 1, 3, 6, 7, 8, 10, 11
    sein   2, 4, 5, 9, 12

H. 1. Dann hat er mit seiner Freundin Monika telefoniert.
    2. Um elf Uhr ist er zu seinem Großvater gefahren.
    3. Sie haben Karten gespielt.
    4. Später haben Uwe und sein Großvater das Haus geputzt.
    5. Um drei Uhr hat Uwe sich mit Monika getroffen.
    6. Sie haben zusammen Hausaufgaben gemacht.
    7. Dann sind sie in die Stadt gegangen.
    8. Sie sind dort von halb fünf bis sechs Uhr geblieben.
    9. Ein bißchen später ist Uwe endlich nach Hause gekommen.
    10. Er hat noch ein bißchen gelesen.
    11. Um halb elf ist er eingeschlafen.
    12. Heute ist sehr viel passiert.

Zusammenschau

B. Martin: 2, 4, 6, 8, 9
    Claudia: 1, 3, 5, 7, 13, 14
    Stephanie: 10, 11, 12

C. 1. Sie sind zu Hause bei Claudia.
    2. Stephanie ist an der Uni.
    3. Stephanie hatte ein Beratungsgespräch.
    4. Stephanie will nächstes Semester eine Vorlesung, zwei Seminare und ihre Zwischenprüfung machen.
    5. Sie hat sehr gute Englischkenntnisse und Erfahrung mit Computern. Sie hat auch eine Ausbildung als Gärtnerin gemacht.
    6. Stephanie mußte den ganzen Tag warten.
    7. Am 20. Oktober fängt das Semester an.
    8. Sie hat ihren Bus nicht bekommen.

D. 1. b, d
    2. a, b
    3. c
    4. b, c
    5. a

Zur Aussprache

A. 1. a, c, d
    2. a, b
    3. a, d
    4. b, c
    5. b, d

B. 1. a, c, d
    2. c
    3. a, d
    4. a, b, c
    5. c, d

C. 1. a, b, c
    2. a, c
    3. c, d
    4. a, c
    5. a, c, d

D. ei   2, 4, 8, 10, 11, 14
    au   3, 6, 9, 13
    eu/äu 1, 5, 7, 12, 15

E. 1. Klaus
    2. Heinz
    3. Deutschland
    4. Frauke
    5. Reise
    6. seid
    7. zwei
    8. dreiundvierzig
    9. Flugzeug
   10. drei
   11. einfach

KAPITEL 6

Vorschau

B.   Maria: 1, 2, 4, 5, 10, 12, 13
        Nicole: 3, 6, 14, 15
        Verkäufer: 7, 8, 9, 11

C. 1. Maria muß ihrem Vater, ihrer Mutter
       und ihrer Schwester
       Weihnachstgeschenke kaufen.
       Nicole muß ihrem Bruder ein
       Weihnachtsgeschenk kaufen.
    2. Maria will ihrem Vater eine
       Sonnenbrille, ihrer Mutter ein Paar
       schöne Ohrringe und ihrer Schwester
       einen Wecker kaufen. Nicole weiß
       noch nicht, was sie ihrem Bruder
       kaufen will.
    3. Im KaDeWe ist es chaotisch, denn es
       ist Winterschlußverkauf kurz vor
       Weihnachten.
    4. Nicole findet ein Sweatshirt für ihren
       Bruder.
    5. Sie finden das Sweatshirt ist ein bißchen
       verrückt, aber sehr knallig und flott.
    6. Nicole weiß nicht, welche Größe ihr
       Bruder hat. Aber sie ist so groß wie ihr
       Bruder.
    7. Nicole möchte das Sweatshirt lieber
       selbst haben.
    8. Sie müssen ein drittes Mal zum
       KaDeWe gehen und Nicoles Bruder
       ein neues Geschenk kaufen.

D.   logisch: 1, 4, 5
        unlogisch: 2, 3, 6

Funktionen und Formen

A. 1. wir
    2. Martins Eltern
    3. Papi
    4. Die Familie Müller
    5. sie
    6. ich
    7. der Osterhase
    8. er
    9. Der Sommerschlußverkauf
   10. ihr

B. 1. zu Weihnachten, zu Hause
    2. die Plätzchen
    3. Den Weihnachtsbaum
    4. ihn
    5. die Geschenke, unter den Baum
    6. ein Weihnachtsessen
    7. die Geschenke
    8. einen Gutschein, von meiner
       Großmutter
    9. Meinen Eltern, einen neuen
       Heimtrainer
   10. uns, "Frohe Weihnachten"
   11. in die Weihnachtsmesse

C.   Akkusativ: 1, 3, 5, 6, 7, 10
        Dativ: 2, 4, 8, 9

D. 1. deinem Vater
    2. meinen Großeltern
    3. meinem Neffen
    4. unserer Nichte
    5. deiner Familie
    6. meinen Brüdern
    7. dem Mann
    8. meiner Freundin
    9. meinen Schwestern
   10. meinem Freund

F. 1. Wir gratulieren ihnen.
    2. Glaubt ihr nicht!
    3. Ich trinke sie.
    4. Er wünscht es sich.
    5. Sie trinken ihn.
    6. Ihr eßt es am liebsten.
    7. Das Essen schmeckt ihnen.
    8. Er hilft ihr.
    9. Wir lesen sie oft.
   10. Er dankt ihm.

G. 1. sie ihr
   2. ihn ihnen
   3. es ihr
   4. sie ihnen
   5. ihn ihm
   6. sie ihnen
   7. sie ihr
   8. es ihm

H. 1. aus
   2. mit dem
   3. bei unseren
   4. seit letztem
   5. zu/nach
   6. Außer meinem
   7. von meiner
   8. bei der
   9. Nach dem/zu einem
   10. mit

Zusammenschau

B. 1. Inge sieht Jeff heute zum ersten Mal.
   2. Klaus und Jeff haben sich in der Mensa an der Uni kennengelernt.
   3. Jeff war bei der Familie von einem Mitstudenten in Hamburg.
   4. Sie mußten das Haus putzen. Die Gastmutter hat Plätzchen gebacken. Sie haben den Weihnachstbaum ausgesucht und später geschmückt. Sie haben den Tisch gedeckt.
   5. Ja, Jeff hat eine Armbanduhr bekommen.
   6. Inge hat letztes Jahr ein Paar Ohrringe bekommen und dieses Jahr ein Armband.
   7. Inge gefallen die Geschenke nicht. Ihre Tante hat einen anderen Geschmack.
   8. Jeff und Klaus fahren Mitte Januar in den Süden.
   9. Inge fährt zu Ostern nach Österreich zum Ski fahren.

C. 1. miserables (Wetter)
   2. Weihnachten
   3. putzen
   4. der Schmuck
   5. der Sekt
   6. lustig
   7. Ski fahren
   8. anfangen

Zur Aussprache

D. ch 1, 3, 6, 8, 10, 12, 13, 15
   sch 2, 4, 5, 7, 9, 11, 14

KAPITEL 7

Vorschau

B.   1, 3, 6, 7, 9, 10, 11, 14, and 15 should be checked.

C. 1. Im Kühlschrank ist keine Milch, keine Wurst und kein Käse.
   2. Das ist so komisch, weil Nina am Mittwoch einkaufen gehen sollte.
   3. Nina sagt, daß es zu spät war und sie nicht mehr einkaufen gehen konnte.
   4. Es ist Viertel vor eins und die Geschäfte schließen am Samstag um ein Uhr.
   5. Robert ärgert sich, weil Nina immer eine Extrawurst will. Sie soll ihre Projekte (und ihre Zeit) besser planen.
   6. Nina denkt, daß ihre Eltern sich schrecklich aufregen werden.
   7. Ein paar Geschäfte an der U-Bahn Station am Marienplatz haben länger geöffnet.
   Sie können dort ein paar Lebensmittel einkaufen.
   8. Sie kaufen einen türkischen Imbiß (Döner Kebab).
   9. Sie wollen ihren Eltern nicht sagen, daß Nina nicht zum Einkaufen gegangen ist und daß es keine Lebensmittel gibt.
   10. Sie möchte ihre Familie zum Essen ins Gasthaus "Zum Löwen" einladen.
   11. Robert verspricht, den Eltern nichts zu sagen.

Funktionen und Formen

A. regular infinitives: 2, 5, 6

 zu-infinitives: 1, 3, 4, 7, 8

B.
1. einkaufen gehen
2. Ute anzurufen
3. zur Party gehen kann
4. vorbeikommen
5. zuzumachen
6. öffnen
7. tanzen zu gehen
8. zu sein

C.
1. ohne die Zähne zu putzen.
2. um dort gute Freunde zu besuchen.
3. ohne mich zu fragen?
4. anstatt zu Hause zu lernen.
5. zu reparieren?
6. ohne zu bezahlen.
7. anstatt ein Glas Bier zu trinken.
8. um nächstes Jahr eine Reise nach Berlin machen zu können.

D. coordinating conjunctions: 1, 5, 8, 11, 12
subordinating conjunctions: 2, 3, 4, 6, 7, 9, 10

F.
1. damit wir sie zum Recycling bringen können.
2. obwohl es auf der Speisekarte steht.
3. denn sie wollen der Umwelt helfen.
4. als wir ihn geöffnet haben.
5. aber wir können ihn nicht reparieren.
6. daß Peter am Montag kommen soll.

G. conjunctions: 2, 3, 5, 8, 11

 relative pronouns: 1, 4, 6, 7, 9, 10, 12

H.
1. den
2. der
3. dem
4. die
5. das
6. dem
7. denen
8. der
9. die
10. die

J. personal pronouns: 2, 4, 6, 9
reflexive pronouns: 1, 3, 5, 7, 8, 10, 11, 12

L.
1. Sie sehen sich nächstes Jahr wieder.
 oder
 Sie werden sich nächstes Jahr wiedersehen.
2. Ja, ich habe mich erkältet.
3. Nein, er fühlt sich nicht wohl.
4. Natürlich putze ich mir die Zähne nach jedem Essen.
5. Sie können sich beim Chef beschweren.
6. Na klar kaufen wir uns die neue CD von Nirvana.
7. Ich will mich mit dir heute Abend vor dem Kino treffen.
8. Nein, er hat sich nicht bei Britta entschuldigt.
9. Wir wollen uns auf keinen Fall den neuen Film mit Kevin Kostner anschauen.
10. Ich koche mir eine Nudelsuppe.

M. Present Tense: 1, 4, 5, 8
Future Tense: 2, 3, 6, 7, 9

N.
1. Um Viertel nach sieben werde ich mich duschen.
2. Gegen halb acht werde ich zum Bäcker gehen und (werde) frische Brötchen kaufen.
3. Später werde ich gemütlich frühstücken.
4. Dann wird mich mein Freund Dieter abholen.
5. Wir werden zusammen zur Uni gehen, da wir ein Examen schreiben werden.
6. Danach werde ich einen Termin beim Zahnarzt haben.
7. Hoffentlich werde ich mich nicht verspäten.
8. Ich werde später noch schnell in die Bibliothek gehen wollen.
9. Gegen siebzehn Uhr werde ich dann für alle einkaufen gehen müssen.
10. Um halb sieben werde ich endlich wieder zu Hause sein.
11. Dann wird es schon dunkel werden.

Zusammenschau

B. Herr Ziegler: 2, 6, 10, 13, 18

Frau Ziegler: 1, 12, 16, 17

Nina: 1, 3, 9, 11, 15

Robert: 4, 8, 14

Kellner: 5, 7

C. 1. Nein, sie feiern nicht wirklich etwas Besonderes, aber Ninas Projekt in der Schule war sehr gut.
   2. Sie trinken eine Flasche Beaujolais und vier Gläser Mineralwasser.
   3. Robert bestellt Sauerbraten mit Kartoffelpüree und grünem Salat. Nina bestellt das Hühnchen in Weinsoße mit Reis und Tomatensalat. Frau Ziegler bestellt Wiener Schnitzel mit Pommes Frites. Herr Ziegler bestellt den Schweinebraten mit Rotkraut und Salzkartoffeln.
   4. Nina und Herr Ziegler bestellen eine Gemüsesuppe.
   5. Robert möchte Fruchtsalat mit frischen Früchten, Nina Vanilleeis mit Schokoladensoße, Herr und Frau Ziegler nehmen einen Apfelstrudel mit einem Kännchen Kaffee.
   6. Ninas Mutter sagt, daß es überhaupt nicht in Frage kommt, denn das Essen ist zu teuer. Nina soll nur die Getränke bezahlen.

D. 1. Sonst noch etwas?
   2. Ich habe Hunger.
   3. Ich habe Durst.
   4. Das ist alles.
   5. Die Rechnung, bitte.

Zur Aussprache

C. I: 1, 4, 5, 7, 8, 9, 11
   II: 2, 3, 6, 10, 12

D. 1. gelb
   2. Rolle
   3. Millionen
   4. selten
   5. idyllisch
   6. abholen
   7. Schilling
   8. herunterfallen
   9. Müsli
   10. Schnellimbiß

KAPITEL 8

Vorschau

B. 1, 2, 3, 4, 6, 8, 9, 11, 14, and 15 should be checked.

C. 1. damage to the engine, engine problems of the plane
   2. to miss (the plane)
   3. if everything is in order, if everything is OK.
   4. the other way round
   5. light bulb

D. 1. Vielleicht fliegt das Flugzeug nicht, weil es kaputt ist, weil es schlechtes Wetter gibt oder weil Frau Wild das Flugzeug verpaßt hat.
   2. Sie stellen die Stehlampe zwischen Tisch und Ecke in die Mitte.
   3. Sie wissen nicht mehr genau, wo die Stehlampe gestanden hat.
   4. Die Katze sitzt auf dem Balkon von Pleikes.
   5. Sie frißt die Geranien.
   6. Der Flug hat sich verspätet.
   7. Sie kommt zurück, um zu sehen, ob alles in Ordnung ist. Sie möchte auch ihr Familienalbum abholen, das sie vergessen hat.
   8. Martin sagt, daß er eine neue Glühbirne einschrauben mußte. Er mußte deshalb die Lampe umstellen.

Funktionen und Formen

A. Accusative: 3, 9, 11
Dative: 2, 4, 8, 12
Two-case: 1, 5, 6, 7, 1

B. Action/Accusative: 1, 4, 6, 7, 10
Location/Dative: 2, 3, 5, 8, 9

C. 1. Wo ist Claudia?
2. Wo arbeitet Klaus?
3. Wohin hat Ute den Schlüssel gelegt?
4. Wohin geht diese Tür?
5. Wo wohnt Familie Wagner?
6. Wohin geht diese Straße.
7. Wohin kann ich die Jacke hängen?
8. Wohin soll ich den Brief schicken?

D. 1. vor die
2. auf dem
3. in den
4. auf dem
5. in der
6. auf dem
7. über den
8. auf den
9. in das/ins
10. unter den/neben den
11. an der
12. hinter der/unter der

E. Singular: 1, 4, 5, 7, 9, 11, 13, 15
Plural: 2, 3, 6, 8, 10, 12, 14

F. 1. viele Affen, zwei Hasen
2. diesen Herrn
3. Nachbarn
4. Bären
5. Studenten

H. Genitive s: 1, 6, 7, 8
Genitive n-Noun: 2, 3, 4, 5

I. 1. die Stereoanlage meines Freundes
2. die Hauswirtin unserer Nachbarn
3. die Post ihrer Schwestern
4. die Brille seines Großvaters
5. die Möbel meiner Großmutter
6. das Zimmer des Privatpatienten
7. das Bett des Babys
8. das Gebäude des Millionärs

J. einen riesigen Hunger
ein saftiges Schnitzel
einer großen Portion
frischem Salat
dem neuen italienischen Restaurant
phantastisches Eis
kein richtiges Schnitzel
einen großen Teller
einer würzigen Tomatensoße
guten, italienischen Wein
Französischer Wein
ein kühles Glas
ein großes Stück

K. 1. viele, helle Zimmer
2. einen großen Kühlschrank
3. einen schönen Garten
4. die riesige Gartenterasse
5. kleine Garagen

Zusammenschau

B. Stephanie: 1, 2, 3, 4, 7, 9, 13, 14, 15
Claudia 5, 6, 8, 10, 11, 12 , 16, 17, 18

C. 1. Claudia ist froh endlich ganz in der Nähe der Uni zu wohnen, denn sie wartet nicht gern auf den Bus und die U-Bahn.
2. Stephanie hat gedacht, daß sie einfach die Tür zumachen und dann lernen kann.
3. Bernd hatte einen schlechten Tag und hat dann sehr laute Musik gehört.
4. Wenn Claudia etwas kochen möchte, muß sie immer alles erst saubermachen und Teller, Töpfe, Messer und Gabeln abwaschen.
5. Die Rechnung ist über 388 DM.
6. In Deutschland gibt es nur eine Rechnung und man kann nicht sehen, wer wohin angerufen hat.
7. Claudia denkt, daß die anderen sagen werden, daß Stephanie den größten Teil bezahlen soll, denn sie telefoniert mit ihren Eltern in den USA.
8. Stephanie sagt, daß sie ihre Eltern nur kurz anruft und daß ihre Eltern sie zurückrufen. Das ist billiger.
9. Stephanie denkt, daß Claudia und sie eine möblierte Wohnung suchen sollen, wie Peter und Martin das gemacht haben.

10. Claudia glaubt, daß das keine Alternative ist, denn Peter und Martin müssen auch auf die Katze von Frau Wild aufpassen und die Blumen gießen. Sie schlägt vor, daß Stephanie und sie mit den anderen über die Probleme diskutieren.

Zur Aussprache

C.   short e: 2, 3, 4, 6, 7, 10
        long e: 1, 5, 8, 9

KAPITEL 9

Vorschau

B.   Answers may vary.

C. 1. dachte
    2. hatte
    3. mußte
    4. wanderte
    5. kam
    6. sah
    7. grüßte
    8. fragte
    9. war
    10. sagte
    11. verstand
    12. wollte
    13. kannte
    14. erzählte
    15. konnte
    16. brachte
    17. sollte
    18. hörte
    19. versteckte
    20. wußte
    21. gab
    22. rannte
    23. stieg auf
    24. ritt

D.   Richtig: 2, 5, 7, 8
        Falsch: 1, 3, 4, 6

Funktionen und Formen

A.   Simple past: 1, 4, 6, 7, 10, 12

Other: 2.   Present
        3.   Present
        5.   Perfect
        8.   Future
        9.   Perfect
        11. Future

B.   Irregular verbs: 3, 4, 5, 8, 10, 11, 13
        Regular verbs: 1, 2, 6, 7, 9, 12, 14, 15

C. 1. hungern
    2. heiraten
    3. steigen
    4. vergleichen
    5. verschieben
    6. aufwachen
    7. funktionieren
    8. sein
    9. weinen
    10. schreien
    11. empfehlen
    12. wetten
    13. anhalten
    14. verstecken
    15. übersetzen

D. 1. spielte
    2. schrie
    3. schwamm
    4. tranken
    5. brachtest
    6. ordnetet
    7. hattest
    8. logen
    9. riefen an
    10. froren
    11. holte
    12. schütteltet

E. 1. Ich nannte dem Professor meinen Namen.
    2. Wir gingen nicht ins Kino.
    3. Sie brachte ihrer Großmutter einen Kuchen.
    4. Er fand seine neue Telefonnumer nicht heraus.
    5. Ihr kamt gestern Abend spät nach Hause.
    6. Sie rannten nach Hause.

F.　　　Perfect: 2, 5, 6, 8, 9, 10
　　　　Past perfect: 1, 3, 4, 7

G.　1.　nachdem sie sich in der Mensa
　　　　getroffen hatten.
　　2.　nachdem er drei Stunden in der
　　　　Bibliothek gearbeitet hatte.
　　3.　nachdem sie zwei Stunden in der
　　　　Vorlesung gesessen hatten.
　　4.　nachdem sie mit dem Bus in die Stadt
　　　　gefahren war.
　　5.　nachdem sie Geld geholt hatte.
　　6.　nachdem sie aus der Bibliothek
　　　　gekommen waren.
　　7.　nachdem er den ganzen Tag gelernt
　　　　hatte.
　　8.　nachdem Klaus eine Kleinigkeit
　　　　gegessen hatte.

J.　　　Genitive:　　1, 4, 5, 7
　　　　Other:　　　2. Dative/Singular
　　　　　　　　　　3. Accusative/Plural
　　　　　　　　　　6. Nominative/Singular
　　　　　　　　　　8. Dative/Plural

K.　1.　deren
　　2.　dessen
　　3.　dessen
　　4.　dessen
　　5.　deren

Zusammenschau

B.　　　1, 3, 4, 5, 8, 9, 10, 12, 13, and 15
　　　　should be checked.
C.　1.　Das Reisebüro findet man im 5. Stock.
　　2.　Es gibt Bus- und Flugreisen nach Paris
　　　　und in die USA.
　　3.　a.　Man kann mit dem Bus nach Paris
　　　　　　fahren.
　　　　b.　Der Bus fährt jeden Freitagabend
　　　　　　um 22 Uhr ab.
　　　　c.　Der Bus fährt vom Frankfurter
　　　　　　Hauptbahnhof ab.
　　　　d.　Man kann den Fahrschein direkt
　　　　　　beim Fahrer oder in der Reise-
　　　　　　abteilung des Kaufhauses kaufen.
　　　　e.　Man kann machen, was man will.
　　　　　　Aber man kann auch eine Stadttour
　　　　　　machen oder eine Liste mit
　　　　　　ausgezeichneten Restaurants und
　　　　　　anderen Attraktionen bekommen.

　　　　f.　Man kommt am Montag morgen um
　　　　　　6:30 Uhr nach Frankfurt zurück.
　　4.　a.　Man kann in die USA reisen.
　　　　b.　Der Sommer-Service beginnt am 15.
　　　　　　Juni.
　　　　c.　Es gibt Spezialangebote für
　　　　　　Direktflüge nach New York, Chicago
　　　　　　und Los Angeles.
　　　　d.　Sie kosten unter 1200.- DM
　　　　e.　Man kann nach Kanada und
　　　　　　Mexiko weiterbuchen.
　　　　f.　Lufthansa fliegt täglich.
　　　　g.　Man kann von Frankfurt, München
　　　　　　oder Berlin abfliegen.
　　　　h.　Man bekommt Freiflüge, wenn man
　　　　　　Kilometer im Vielfliegerprogramm
　　　　　　"Miles and More" sammelt.
　　　　i.　Man bekommt doppelt so viele
　　　　　　Kilometer, wenn man 1. Klasse
　　　　　　bucht.

Zur Aussprache

C.　1.　a, c
　　2.　a
　　3.　a, b
　　4.　a, c
　　5.　a, b, c

D.　1.　b, c
　　2.　b, c
　　3.　c
　　4.　a, c
　　5.　a, b

G　　　**sp** sound: 2, 3, 8, 9, 12, 13, 15
　　　　st sound: 1, 4, 5, 6, 7, 10, 11, 14

KAPITEL 10

Vorschau

B. Richtig: 3, 4, 6, 7, 8, 9
Falsch: 1, 2, 5, 10

C. 1. Die Weimarer Republik ist die Periode der deutschen Demokratie nach dem Ersten Weltkrieg im Jahr 1918 und vor der Machtübernahme durch Hitler im Jahr 1933.
2. Die Kristallnacht fand in der Nacht vom 9. zum 10. November 1938 statt. In dieser Nacht wurden jüdische Synagogen und Geschäfte zerstört und jüdische Deutsche ermordet.
3. Über die Luftbrücke flogen die westlichen Aliierten viele lebenswichtige Güter nach West-Berlin, nachdem die Sowjetunion alle Verkehrswege blockiert hatte.
4. Die Berliner Mauer wurde 1961 gebaut, um die Abwanderung der ostdeutschen Bevölkerung in den Westen zu stoppen.
5. "Die Wende" ist der Fall der Berliner Mauer und die Wiedervereinigung der beiden deutschen Staaten.

D. 1. Geschichtsbücher
2. Reichskanzler
3. Selbstmord
4. Nazidiktatur
5. Besatzungszonen
6. Staatengründung
7. Todesstreifen
8. Wiedervereinigung

Funktionen und Formen

A. Passiv: 3, 4, 5, 6, 8
Active: 1, 2, 7, 9, 10

B. 3. Simple Past
4. Simple Past
5. Present
6. Present
8. Present

C. 1. Das Holz muß gepalten werden.
2. Morgen muß das Feld gepflügt werden.
3. Nach dem Frühstück muß Schnee geschaufelt werden.
4. Dann muß Brot gebacken werden.
5. Nachher müssen die Fenster geputzt werden.
6. Der Baum vor dem Haus muß gefällt werden.

D. 1. Hier wird gegessen und getrunken.
2. Von jetzt ab wird Sport getrieben.
3. Ab heute wird kein Fleisch mehr gegessen.
4. Hier wird gut gekocht.
5. Von heute ab wird nicht mehr geraucht.

E. 1. Rotkäppchen wird von einem bösen Wolf gefressen.
2. Der Kuchen und die Flasche Wein werden von Rotkäppchen zur kranken Großmutter gebracht.
3. Rotkäppchen wird von einem Wolf angesprochen.
4. Die Großmutter und Rotkäppchen können von mir gefressen werden.
5. Die Blumen werden von Rotkäppchen gepflückt.
6. Die Großmutter wird von dem bösen Wolf gefressen.
7. Rotkäppchen wird auch von dem bösen Wolf gefressen.
8. Die Großmutter und Rotkäppchen werden von dem Jäger gerettet.

F. Subjunctive: 1, 3, 4, 6, 7, 9

J. 1. Wenn ich im Lotto eine Million gewinnen würde, würde ich eine Weltreise machen.
  2. Wenn ich keine Hausaufgaben hätte, würde ich lange schlafen und dann (würde ich) ins Kino gehen.
  3. Wenn jetzt ein Schneesturm wäre, würde ich stundenlang fernsehen.
  4. Wenn ich jetzt in der Antarktis wäre, würde ich mich warm anziehen.
  5. Wenn ich jetzt ganz plötzlich großen Hunger hätte, würde ich eine Pizza bestellen.
  6. Wenn meine Eltern zu Besuch kommen würden, würde ich ganz schnell aufräumen.
  7. Wenn mein Auto kaputtgehen würde, würde ich es reparieren lassen.
  8. Wenn ich fast kein Geld mehr für Lebensmittel hätte, würde ich nur noch weiße Bohnen essen.

K. Participle: 1, 2, 4, 6, 7, 9
   Adjective: 3, 5, 8, 10

L. 1. buntgestreifte Kleider
   2. karierten Pullover
   3. handgemachten Minirock
   4. abgetragenen Jacke
   5. abgelaufenen Schuhe
   6. zerissenen Mantel
   7. handgestrickten Pullover
   8. karierte Hosen; gestreiften Hemden

M. 1. Ich hätte gern ein Stück von Ihrem selbstgebackenen Brot.
   2. Ich hätte gern ein Glas von Ihrem selbst gebrauten Bier.
   3. Ich hätte gern ein leicht gegrilltes Rinderfilet.
   4. Ich hätte gern gekochte Kartoffeln mit gemischtem Salat.
   6. Ich hätte gern einen Becher von Ihrem hausgemachten Fruchteis.

Zusammenschau

B. Rita: 1, 3, 4, 8, 9, 10, 12, 14, 16, 17, 18
   Erik: 2, 5, 6, 7, 11, 13, 15

C. 1. I am mad at you!
   2. Too bad.
   3. I just don't get (understand) it!
   4. I am totally sick of it!
   5. a sign with "vacancy"
   6. You are really crazy.
   7. I'm too old for that.
   8. That would be great!
   9. You get on my nerves!
   10. I'm fed up with this! / I've had it!

D. 1. Er ist wütend auf Rita, weil sie keine Reservierung gemacht hat.
   2. Sie hat den Zettel mit der Adresse und Telefonnummer des Hotels verloren.
   3. Uwe ist zur Zeit irgendwo in Kanada und wandert durch die Rocky Mountains.
   4. Rita schlägt vor:
      a. beim Fremdenverkehrsamt zu fragen
      b. nach einem Schild mit "Zimmer frei" zu schauen.
      c. in der Jugendherberge zu übernachten.
   5. Er sagt, daß er aus dem Alter raus ist, denn er will nicht abends um zehn Uhr zu Hause sein müssen und am Morgen ein miserables Frühstück essen.
   6. Rita schlägt dann vor, an die Ostsee zu fahren und irgendwo zu zelten.
   7. Es wird heute nacht einen tollen Sturm geben. Er will sich auch nicht erkälten.
   8. Es könnte vielleicht einen Verkehrsunfall geben, und sie müßten dann stundenlang im Stau stehen.
   9. Die beiden sind mit dem Fahrrad unterwegs. Sie kommen leicht an einem Stau vorbei.
   10. Rita fährt ohne Erik zum Zeltplatz.

E. Separable-Prefix Verbs: 3, 4, 6, 8, 9, 10, 12, 14
   Inseparable-Prefix Verbs: 1, 2, 5, 7, 11, 13, 15

Zur Aussprache

C. 1. a, b, d
   2. a, c
   3. a, b, d
   4. c
   5. a, b, c

D. 1. b, c
   2. a, b, d
   3. b, d
   4. a, b
   5. c

E. 1. Stiefmutter
   2. vollständig
   3. wunderbar
   4. Vaterland
   5. Radwanderführer
   6. verabschieden
   7. wütend
   8. Wettbewerb
   9. Verkehrsunfall
   10. Wiedervereinigung

KAPITEL 11

Vorschau

B. Richtig: 2, 4, 5, 6, 9, 10
   Falsch: 1, 3, 7, 8

C. 1. gelebt hätte, hätten gehabt, gewesen wäre, hätte gehabt, hätte gehabt, hätte arbeiten müssen, hätte verdient
   2. gearbeitet, betreut, gemacht hätten, hätte gelernt, hätten verloren, hätten kennengelernt, wären gewesen

D. 1. b
   2. a
   3. a
   4. b
   5. b

Funktionen und Formen

A. Factual situation: 1, 2, 8, 10, 11, 14, 15
   Hypothetical situation: 3, 4, 5, 6, 7, 9, 12, 13

B. Past-time subjunctive: 2, 5, 7, 9, 10, 11, 13, 14, 16, 17
   Present-time subjunctive: 1, 3, 4, 6, 8, 12, 15, 18

F. Prefix: 1, 3, 4, 5, 9, 14
   Preposition: 2, 6, 7, 8, 10, 11, 12, 13, 15, 16

G. 1. aufstehen
   2. warten auf (+ acc.)
   3. aufmachen
   4. ankommen
   5. anbieten
   6. denken an (+ acc.)
   7. arbeiten an (+ acc.)
   8. sich freuen über (+ acc.)
   9. übernehmen
   10. lachen über (+ acc.)
   11. sich interessieren für (+ acc.)
   12. wissen von (+ dat.)
   13. sich verlieben in (+ acc.)
   14. vorhaben
   15. Angst haben vor (+ dat.)
   16. erzählen von (+ dat.)

H. 1. für
   2. an
   3. von
   4. von
   5. über
   6. an
   7. vor
   8. über
   9. auf
   10. für

I. 1. dafür
   2. Woran
   3. davon
   4. Wovon
   5. Wovor
   6. darauf

Zusammenschau

B. Thomas: 1, 3, 5, 8, 9, 10, 13
    Vater: 4, 6, 12, 14, 15
    Mutter: 2, 7, 11

C. 1. Er wollte auf seine Eltern warten.
    2. Er hätte schlafen gehen sollen.
    3. Er hat Probleme mit seinen
        Schularbeiten.
    4. Er hat ihm versprochen, daß er ihm
        helfen würde.
    5. Er versteht nie so richtig, was sein
        Vater auf Tonband sagt.
    6. Er will Thomas' Schularbeiten mit ihm
        machen.
    7. Der Topf war so heiß, daß Thomas ihn
        nicht anfassen konnte.
    8. Er hat einen interessanten Film im
        Fernsehen gesehen.
    9. Es hätte ein Feuer geben können.
    10. Sie müssen nach Salzburg fahren.